高职院校思政课程与课程思政实践教学创新研究

GAOZHI YUANXIAO

KECHENG SIZHENG SHIJIAN JIAOXUE CHUANGXIN YANJIU

梁 杰 李芳芳 ◎ 著

吉林大学出版社

·长春·

图书在版编目（CIP）数据

高职院校思政课程与课程思政实践教学创新研究 / 梁杰，李芳芳著 . —长春：吉林大学出版社，2023.11
ISBN 978-7-5768-2775-0

Ⅰ.①高… Ⅱ.①梁… ②李… Ⅲ.①高等职业教育 – 思想政治教育 – 教学研究 – 中国 Ⅳ.① G711

中国国家版本馆 CIP 数据核字（2023）第 243789 号

书　　名：高职院校思政课程与课程思政实践教学创新研究
GAOZHI YUANXIAO SIZHENG KECHENG YU KECHENG SIZHENG SHIJIAN JIAOXUE CHUANGXIN YANJIU

作　　者：梁　杰　李芳芳　著
策划编辑：黄国彬
责任编辑：黄国彬
责任校对：黄国彬
装帧设计：繁华似锦
出版发行：吉林大学出版社
社　　址：长春市人民大街 4059 号邮政编码：130021
发行电话：0431-89580028/29/21
网　　址：http://www.jlup.com.cn
电子邮箱：jdcbs@jlu.edu.cn
印　　刷：三河市腾飞印务有限公司
开　　本：787mm×1092mm　1/16
印　　张：12
字　　数：210 千字
版　　次：2023 年 11 月　第 1 版
印　　次：2024 年 4 月　第 1 次
书　　号：ISBN 978-7-5768-2775-0
定　　价：78.00 元

版权所有　翻印必究

前 言

高职院校思想政治课是大学生思想政治教育的主渠道，其内容和方法紧跟时代脚步，随着时代的发展而变化，在顺应时代发展的同时改进思想政治课的教学方式。推动思想政治理论课改革创新，加强思政课的思想性、理论性、和亲合力、针对性。在以教育目标为指导的前提下思想政治课形成理念先进、方式方法多样、组织管理高效的思想政治理论课教学体系。

《高职院校思政课程与课程思政实践教学创新研究》一书以高职院校课堂教学与实践教学相结合的教学模式为出发点，深化理解思想政治理论，提升思想政治水平。第一章以高职院校实践教学内涵与特点、原则与途径、地位与作用阐述了思政实践教学的重要性，由于理论源于实践，因此，思想政治教育需以理论与实践相结合的教学模式，充分发挥任课教师的指导作用，以学生为主体进行教学。第二章从课堂实践教学、校园实践教学、校外实践教学三个方向展开教学设计，把思想政治教育融入到大学生校内与校外的日常生活中。第三章阐述高职院校应实施课程思政教学，以思想政治课教学与课程思政教学协同育人。第四章、第五章、第六章、第七章是通过探究专业课教学的思政元素，讲述专业课教学与思政元素相结合的教学模式，弘扬民族文化、培育工匠精神、树立理想信念。由此可见，思想政治理论与专业课教学相结合的教学模式是符合当今时代发展以及大学生成长需求的新形式教学，是大学生在学习、实践、生活方面加深思想政治理论领悟能力的重要载体。思想政治教育始终坚持以人为本的教学理念，发挥大学生自身潜力的同时提升道德思想素质，为社会培育德、智、体、美、劳健全型人才。本书既可以作为高职院校思想政治教育方面的参考书，提升思想政治教育成效，也可以作为高职院校学生的自学读物，提升高职院校学生对思想政治教育新形式、新教学模式的认知，加强高职院校学生的接受度。

本著作是 2021 年度广西职业教育教学改革研究项目《数字经济时代新商科人才培养精准对接产业需求的研究与实践》（项目编号 GXGZJG2021B116）；2022 年广西物流职业技术学院思想政治教育专项课题《党史教育融入高校思想政治教育的实践研究》（项目编号：2022XJSZ001）和 2023 年广西物流职业技术学院思想政治教育专项课题《桂东南红色文化融入物流类高职院校思政教育教学的路径研究》（项目编号：2023XJSZA02）的研究成果。

本书在收集与整理资料的过程中，借鉴了大量的文献资料，并采纳了相关学者提出的宝贵意见，在此向这些作者和学者表示诚挚的谢意和敬意。由于著者水平有限，书中难免存在疏漏之处，敬请读者批评指正。

作　者
2023 年 10 月

目 录

第一章　高职院校思政课实践教学概论……………………………………1
第一节　高职院校思政课实践教学的内涵与特点……………………3
第二节　高职院校思政课实践教学的原则与途径……………………8
第三节　高职院校思政课实践教学的地位与作用……………………14

第二章　高职院校思政课实践教学模式……………………………………19
第一节　课堂实践教学…………………………………………………21
第二节　校内实践教学…………………………………………………27
第三节　校外实践教学…………………………………………………32

第三章　高职院校思政课程与课程思政协同育人…………………………37
第一节　思政课程与课程思政概述……………………………………39
第二节　工匠精神培养与高职院校思政教育的有效融合……………43
第三节　从教育学视角谈课程思政对大学生主体性发展的促进作用……47
第四节　高职院校课程思政与思政课程协同育人机制研究…………56

第四章　高职院校思想道德与法治课程的实践教学………………………63
第一节　领悟人生观的真谛把握人生方向……………………………65
第二节　追求远大理想坚定崇高信念…………………………………70
第三节　继承优良传统弘扬中国精神…………………………………74
第四节　融合思政教学培养法治意识…………………………………77

第五章　通识教育课程中课程思政的实践教学模式………………………81
第一节　高职院校思想政治教育与人文通识教育融合研究…………83
第二节　从教学案例中体悟职场英语的课程思政……………………87
第三节　活化语言学习，在"变"中提升文化自信……………………91
第四节　信息技术课程中的思政元素嵌入……………………………97
第五节　大学体育课程中的思政元素嵌入……………………………100

第六节　美学视角下思政课实践教学研究……………………108
　　第七节　高职学生就业技巧诚信求职，成就人生………………110

第六章　物流类专业课程思政实践教学点的挖掘………………**113**
　　第一节　物流管理课程思政实践教学研究………………………115
　　第二节　仓储管理课程思政教学与实践…………………………122
　　第三节　物流系统仿真课程思政建设与实施路径………………127
　　第四节　智能仓储与配送管理实务课程思政教育与专业教学的
　　　　　　融合策略……………………………………………………132
　　第五节　物流信息技术课程思政的研究与实践…………………137
　　第六节　运输管理课程中融入思想教育的研究与实践…………143

第七章　立足工匠精神推动思政实践课教学的发展………………**151**
　　第一节　"大思政"格局下高职工匠精神的培育思路……………153
　　第二节　工匠精神培育与思政课的内容耦合……………………163
　　第三节　作为思政课重要组成部分的实践教学…………………169
　　第四节　工匠精神培育与思政课实践教学的有效对接…………175

参考文献……………………………………………………………**181**

第一章

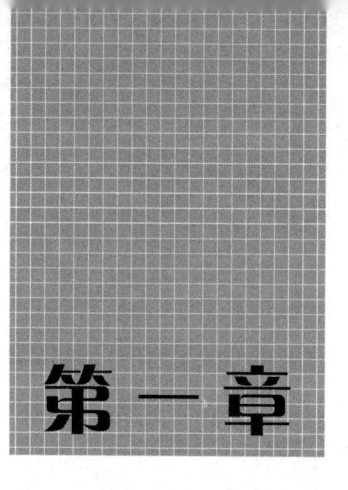

高职院校思政课实践教学概论

- 第一节　高职院校思政课实践教学的内涵与特点
- 第二节　高职院校思政课实践教学的原则与途径
- 第三节　高职院校思政课实践教学的地位与作用

第一节　高职院校思政课实践教学的内涵与特点

实践教学是当前高职院校思想政治理论课教学中不可替代的重要环节，经过这些年的教学实践，各高职院校已形成共识。同时，在新的形势下，思想政治理论课面临新的机遇和挑战，思想政治理论课实践教学的重要性和迫切性显得更加突出。然而，究竟什么是思想政治理论课的实践教学？它与教师和学生熟悉的思想政治理论课的课堂教学、与一般的社会实践活动和各类专业课的实践教学有什么不同和联系？这是进行思想政治理论课实践教学的每一个教师和学生首先必须搞清楚的问题。

一、思想政治理论课实践教学的内涵

思想政治理论课实践教学是在思想政治理论课教师的组织下，按照既定的教学目标，依据思想政治理论课实践教学大纲和教学计划，在思想政治理论课的理论教学基础上组织和引导大学生主动参与实际生活和社会实践。通过具体的实践途径，以获得思想道德方面的直接体验为主要内容，进而帮助大学生进一步理解、吸收、内化基本理论、原理。这是以提高大学生思想道德素质为目标的多种教学方式或教学环节的总和，是思想政治理论课教学的重要组成部分和环节。

二、思想政治理论课实践教学的特点

1. 多样性

思想政治理论课实践教学在形式上是多种多样的，既有体验式的实践教学，如组织大学生进行社会考察、调研、参观、访问等活动，又有参与式的实践教学。思想政治理论课教师作为实践教学活动的组织者和指导者，应该根据思想政治理论课的教学内容来设计实践教学的内容和形式。

2. 课程性

课程性是实践教学区别于其他实践活动的一个显著特征。它是一种课程意义上的实践教学过程，与课程的理论教学相呼应，具有一定的课程结构、相应的实施规范和考核办法，集中体现出实践教学服务于课堂教学的教育教学本质。这个特征规定了思想政治理论课实践教学活动的指向性和目的性，是思想政治理论课实践教学活动开展的基本前提。只有使大学生通过课堂的理论教学，具备一定的思想政治理论知识，才能组织学生有针对性地开展思想政治理论课实践教学活动，才能使思想政治理论课的理论教学内容在实践活动中得以应用和证实，从而达到实践教学预期的目的。

3. 自主性

思想政治理论课的实践教学是一种充分体现学生主体地位的教学活动形式。应该说，充分尊重学生的主体性是实践教学的根本。在思想政治理论课的实践教学中，学生是真正的主体，教学离不开学生的积极主动的参与，因此，在实践教学中，要充分重视大学生自我教育的主体地位以及自我调控的能动地位。应给大学生充分的自由让其自主选择、自主参与和自主调节。思想政治理论课教师只对大学生进行必要的指导，为大学生提供开放的条件和个性发展的空间，使其主动性和能动性得到较充分的发挥。

4. 实践性

思想政治理论课实践教学是以突出大学生的主体实践活动为主要形式，通过提供和创造各种条件引导大学生参加社会实践、参与社会生活，让大学生在参与丰富多样的实践活动中了解社会实际生活，获得亲身感受和直接经验，增强大学生进一步学习思想政治理论课的兴趣，提高其对社会生活各方面的认识能力。因此，实践性是思想政治理论课实践教学的首要的、最基本的特征，即思想政治理论课实践教学的实践性在于，学生作为主体对社会实际生活的直接感受性和参与性，不具备这一特征就不能称其为实践教学活动。

5. 开放性

思想政治理论课实践教学的开放性，首先在于活动环境的开放性，即社会实际生活作为实践教学的客体性要素是流动和动态的，没有固定不变的边界。其次，思想政治理论课实践教学在引导大学生走入社会生活中，不给大学生定过多的条条框框，也没有严格的操作程序限制，其具有极大的灵活性和多样性。大学生可以从不同的方面来分析和解决在实际生活中遇到的问题，还可以用多种方法、形式来完成活动和表达活动结果，因而在内容和形式、过程和结果上都具有开放性。

6. 综合性

思想政治理论课实践教学的综合性主要表现在两个方面：其一，实践教学活动虽然直接接触的客体是有限的，是社会生活的某个领域或方面，但涉及的内容或问题具有综合性，既有经济和政治方面的，又有文化和思想方面的；其二，思想政治理论课实践教学在目的性上关注的是大学生的兴趣、态度、知识、方法、能力和价值理念等方面的综合发展，而不是学生作为主体的某种能力或技能的提高。

7. 社会性

社会性同样是实践教学的一个重要特征。首先，实践教学的场所或环境是社会，它的定位是课堂外开展的教学活动，是与课堂理论教学相对应的教学环节。实践教学就是通过真实的社会生活场景、环境，使学生作为社会生活的直接参与者，让学生在社会生活中自主地发现问题、认识问题和寻求解决问题的方法，并通过分析具体问题独立地做出判断和决策，以培养学生运用所学理论解决实际问题的能力。其次，由于实践教学开展于社会生活中，学生通过实践教学活动直接感受社会生活，因此，学生的实践教学既是接受教育的过程，也是实现社会化的过程。

综上所述，思想政治理论课实践教学是一种既不同于课堂教学，又不同于一般的专业课实践教学和社会实践的教学活动，它有其特定的内涵和活动形式。

三、思想政治理论课实践教学的"四个不同及联系"

思想政治理论课实践教学不同于思想政治理论课的课堂教学，它是思想政治理论课课堂教学内容的实践化、应用化的活动过程。两者的区别主要在于以下四个方面。

（一）时空形式不同

课堂教学是以固定的时间（学时）和固态的空间（教室）形式展开教学活动的；实践教学则是以灵活的时间（课外）和开放的空间（社会）形式展开教学活动的。简而言之，思想政治理论课的理论教学开展于课堂之中，而思想政治理论课的实践教学则开展于课堂之外。换句话说，它的课堂就是校门之外的社会生活。

（二）功能作用不同

课堂教学侧重于理论知识量的积累和记忆，强调理论知识的学习和理解能力；实践教学侧重于理论知识在实际生活中的应用，强调主体能力的锻炼和优化，即思想政治理论课实践教学更加注重对学生素质的培养，包括思想道德素质和其他素质，并且能使对学生素质的培养落在实处。

（三）教育教学方式不同

课堂教学突出理论知识的灌输和传授，对学生来说，是一种对间接经验比较被动的获得方式。实践教学突出理论知识的应用与主体能力的发挥，是一种通过对社会生活的直接参与和体验获得直接经验的方式。

（四）考评方式不同

课堂教学基本上是以考试分数为依据，侧重结果评价；实践教学则以体验感受为依据，侧重过程评价。

尽管思想政治理论课实践教学与课堂教学存在着这样或那样的区别，但两者之间仍然存在着内在的联系，即两者都属于教学范畴，都是思想政治理论课教学的有机组成部分和必要环节，它们都统一于思想政治理论课教育教学的体系之中，都是实现思想政治理论课教育教学目的的教学环节。课堂教学是实践教学的前提和基础，实践教学是课堂教学的延伸和补充。值得注意的是，在课堂教学与实践教学的关系中，课堂教学始终是思想政治理论课教育教学的主阵地或主要方式，即思想政治理论课教育教学仍然要以课堂教学为主，实践教学只是思想政治理论课教育教学的辅助环节和手段，思想政治理论课的课堂教学与实践教学的这种主辅关系，不论在什么时候都不能颠倒。对此，我们一定要有一个清醒的认识。

思想政治理论课实践教学不同于一般的专业课实践教学。后者建立在学生体验和动手的基础上，通过特定的专业实践、实训，培养出符合各专业目标要求的、符合社会需要的高技能应用型人才，侧重于培养学生"如何做事"。前者则具有鲜明的思想性和意识形态性，在增进学生对所学理论的理解和对社会现实问题的认识基础上，启发他们对自己应承担什么样的社会责任、应肩负什么样的历史使命进行理性思考。也就是说，思想政治理论课实践教学侧重于培养学生"如何做人"。同时，两者也是紧密联系、相辅相成的。思想政治教育目标的实现，只有与专业课实践教学培养学生技能的过程相结合才能落到实处。专业课实践教学旨在培养学生"如何做事"，这一目标的实现同样也需要依靠思想政治教育的正确引导，否则就不可能使学生成为社会需要的合格人才。简而言之，思想政治理论课实践教学为人才的培养进行了思想导航，指明了正确的培养目标和方向，而专业课实践教学则是培养人才的具体技能；思想政治教育贯穿于专业人才培养的全过程，而专业课实践教学则以特定的专业人才培养作为思想政治教育的具体展示和物质基础。

思想政治理论课实践教学不同于一般的社会实践活动。思想政治理论课实践教学与一般的社会实践活动相比较，尽管它具有一般社会实践活动的某些特征和形式，但在本质上不同于一般的社会实践活动。就内涵而言，一般的社会实践活动是主体通过中介系统改造客观世界和实现客体价值的客观物质活动，而思想政治理论课实践教学活动则是旨在改造主观世界和优化主体能力的现实性活动；就活动的目的而言，一般的社会实践活动以对客观世界或特定客体的改造为目的，而实践教学活动则以培育和优化主体的能力为目的。

思想政治理论课实践教学是一种既与课堂教学、一般的社会实践活动相区别，又与课堂教学、一般的社会实践活动相联系的教育教学活动。说到底，它在本质上仍然是一种教育教学活动，只不过是一种具有实践活动的某些特点和形式的教育教学活动。

第二节　高职院校思政课实践教学的原则与途径

以上集中探讨了实践教学的内涵和特征，特别对教师和同学们熟悉而又容易混淆的"四个不同"进行了分析，理解和掌握这些内容，可以说就已经掌握了实践教学"入门"的钥匙。

一、高职院校思想政治理论课实践教学的基本原则

实践教学的掌握只是一个良好的开端，要真正完成一次高质量的实践教学还必须坚持以下基本原则，选择正确的途径并掌握正确的方法。

（一）必须从学校实际出发，与专业课实践教学有机结合，突出实践教学的可行性

思想政治理论课实践教学应该与专业课实践教学有机结合，为思想政治理论课实践教学的开展搭建新的平台。思想政治理论课实践教学和专业课实践教学是紧密联系、相辅相成的，两者的结合不仅是可能，而且是必须。当前，高职院校"工学结合"的人才培养模式为思想政治理论课实践教学搭建了一个新的平台，高职院校思想政治理论课实践教学必须根据"工学结合"人才培养新模式的特点进行改变，积极寻找一条适合"工学结合"人才培养模式的大学生思想政治教育的新途径。为此，高职院校应以专业实习为契机，利用企业的资源优势，构建稳定的全方位、多领域的思想政治理论课实践教学基地；以社会调查、社会服务、社会体验为主要内容，充分利用企业的生产条件和职业氛围强化对学生的思想政治教育，让学生走出教室，走出校园，走向企业，以"职业人"的身份参与实际工作，"在学做事中学做人，在学做人中学做事"，从而实现"实践育人"的目的。

（二）必须从实践教学的教学目的出发，以理论为指导，突出实践教学的课程性

思想政治理论课的理论知识是思想政治理论课实践教学的理论性和知识性要素。学生们必须通过课堂的理论教学，具备一定的思想政治理论知识，才能有针对性地组织开展思想政治理论课实践教学活动，才能使思想政治理论课的理论教学内容在实践活动中得以应用和证实，从而达到实践教学预期的目的。因此，无论开展什么样的实践教学都是对理论教学的强化和巩固，这是判断实践教学效果的唯一标准，在实践教学的每一个环节，必须按照教学要求，紧紧围绕所学教学内容进行，绝不要随心所欲地泛泛而谈，否则就失去了思想政治理论课实践教学最根本的目的。

（三）必须从社会发展的实际出发，不断增强实践教学的现实性

这就要求思想政治理论课实践教学必须紧跟时代步伐，引导学生积极投身改革开放第一线，去体验那些最能反映理论热点、难点的社会问题，力求通过亲身实践从现实中找到答案，以解惑释疑。

（四）必须把校内实践与校外实践结合起来，以校外社会实践为主，保证实践教学的可持续性

思想政治理论课实践教学应该包括校内实践教学和社会实践教学两种形式。如果仅把思想政治理论课实践教学的内涵定位为社会实践教学，或认为开展实践教学就必须离开校园，就容易使实践教学流于形式。为解决这一难题，必须创造社会实践教学，把实践教学的重点应该放在校外社会实践上，这是取之不尽、用之不竭的实践教学资源。

（五）必须从不同教学对象的实际出发，突出实践教学的针对性

从高职院校的教学对象的类型来看，学历层次上有专科、本科、研究生；在专业类别上有理、工、农、医、文及越来越多的综合类、交叉类、边缘类学科和专业。不同专业类别和学历层次的教学对象有着不同的理论基础、思维水平、行为习惯和心理特点，理工农医类学生理论基础较为薄弱，理论思维缺乏系统性、逻辑性，而文科学生特别是社会科学类学生的理论基础相对较强，理论思维具有一定的系统性和逻辑性。不同专业、不同层次的高职学生对实践教学有着不同的需求。

（六）必须从教学对象的思想实际出发

高职学生具有强烈的爱国热情和求知欲望。他们开拓意识强、思维活跃敏感，但理论思维能力较弱，对很多问题的认识更倾向于感性思维。特别是在目前复杂的国际、国内环境中，各种社会现象对他们产生着深刻影响。他们难免要受到各种思想和潮流的侵袭和干扰。因此，必须充分考虑教学对象的特点和需要。老师和同学们在选择实践教学的途径和设计实践课题时一定要从自身实际出发，因人、因校、因地制宜。

二、高职院校思想政治理论课实践教学的主要形式

校外实践教学主要是在校外开展的思政课并非传统理论教学形式的教学活动，主要包括以下具体形式。

（一）参观访问

所谓"参观访问"，是指学生在任课教师的直接带领下，去革命老区、机关、工厂、农村、部队、博物馆、展览馆、纪念馆等地方参观学习，以获取知识或信息，是一种提升思想道德素质的实践教学形式。组织学生开展参观访问活动是高职院校进行思想政治教育的有效形式，这种形式往往难以在学校里简单地复制，它更多的是在社会环境中进行。比起社会调查，它在时间上有明显的灵活性，大部分可以安排在周末或者节日进行，也可以安排在五天制的教学时间里。参观访问的过程就是促使学生把在思想政治理论课课堂中所学的基本理论、基本知识与当前参观访问的内容有机结合起来进行思考，并从中进一步升华理论，提升思想道德素质。

（二）社会调查

社会调查是指学生在思想政治理论课教师的组织和指导下，利用假期时间，围绕课程实践教学目标开展调查活动，从社会现实中收集有关信息资料，形成调研成果的一种教学方式。社会调查是思想政治理论课实践教学的最基本形式。是否直接从社会现实中收集事实资料，是社会调查区别于理论研究的一个显著特点。

（三）志愿服务

这里的志愿服务是指在思想政治教育工作者的引导下，在学生自愿选择的基础上，组织学生走向社会，开展服务社会和他人的各种公益活动。思想政治教育作为人们的一种主体活动、一种社会历史现象，其发展不是纯自然的历史过程，不是预成性的，也不是线性前进的。在其发展过程中，主体的自觉选择和历史的创造性构成重要的一环，而高职学生的志愿服务活动正是这一环中的重要组成部分。"志愿"体现了高职学生的主体自觉选择，"服务"则不仅能使高职学生深入社会、了解社会、奉献社会，而且为高职学生提供了一个能力展示、创造历史的平台。这两者的有机统一，既为高职学生探索出一条"自愿（主体自觉性）——实践（服务社会、创造历史）——体验内化（政治理念和道德原则）——提升思想道德素质"的成长之路，也为新时期高职院校思想政治理论课实践教学开辟了新的途径。

三、高职院校思想政治理论课实践教学的有效途径

为有效实施高职院校专业课课程思政活动，应当转变传统的教学理念，基于课程改革要求，将"育人"作为教学的核心本质，在专业课教学中以"课程思政"为教学中心，做好思政教育工作，贯彻落实思想政治工作，以开创我国高等教育事业发展新局面，满足我国特色社会主义教育的需求，将思想政治工作引入到课堂中、融入于专业课的教材中，深入于大学生的脑海中。要加强对高职院校专业课教学教师队伍的培育，提升教师的思想政治素养，提高教师的育人能力，突出学生的综合性培育作用。高等职业院校在进行育人的时候，既要重视知识的

传递，又要体现出知识中的价值，在引领学生掌握重要知识点和职业能力的同时，加强学生的思想政治教育，把学校的显性教育和隐性教育相结合，以全面开展"课程思政"活动。在高职院校专业课"课程思政"教育改革过程中，教师应当转变传统的教学理念，不断地提升自身能力，学习新的教育知识和方法，做到与时俱进，满足学生的学习需求。高职院校思想政治理论课实践教学可制定完善的制度体系，激励学生的主观能动性，具体可从以下方面着手。

（一）提高思政课实践教学的认识

马克思主义特别重视理论和实践相结合，贯彻理论和实践相结合是中国共产党始终坚持的重要原则。马克思主义理论认为，实践是主观见之于客观的能动的物质性活动。思政课的实践教学是思政课教师把思想政治理论与实践活动通过一定的形式组织在一起，从而使思想政治理论逐渐内化为学生的思想道德和综合素质的教学活动。实践因为丰富的内容和灵活多样的形式，一改往日思政课单一内容和形式带来的枯燥，特别是在课堂实践中渗透了工学结合的内容，直接满足了学生未来职业发展的需要，无疑有助于提高学生学习的主动性和积极性，促进学生的全面发展，提高学生分析问题和解决问题的能力。

（二）丰富实践的教学内容

目前，高职院校的思政课主要有《毛泽东思想和中国特色社会主义理论体系概论》和《思想道德与法治》等主干课程，在工学结合视野下，需要各门课程确定实践教学的内容，除了传统的思政实践教学内容外，还要增加职业道德素质和就业创业能力培养的内容，把企业文化的安全、卫生、效率、质量、竞争、创新、服务、诚信、团结协作等意识的教育、爱岗敬业和人际交往等意识的教育，通过各种教学形式引入实践教学。要摒弃传统依赖课本的做法，深刻领会课本的精神实质和核心理念，把教材体系转化为教学体系。突出教学中的重点和难点，详略得当，压缩一些对于高职学生来说过于抽象的内容，增加一些贴近学生、贴近社会、贴近企业单位、贴近生活实际的实践内容，使思政课课内实践教学真正走进大学生的心里，成为学生真正喜爱的与众不同的教学形式。

（三）完善实践的教学形式

目前，高职院校思政课教师大多喜欢采用传统的灌输式说教方式进行教学，讲得过多，但是效果并不理想。这是显性教育的灌输方式造成学生逆反心理的缺陷，有必要利用一些隐性的实践教育方式，发挥"润物细无声"渗透式的教育作用。在思政课实践教学中要善于挖掘学生学习生活、企业生产、管理、流通和销售过程中的各种问题，把企业文化引入课内实践教学中，组织学生进行专题研讨和辩论，企业专家讲座、道德小品、情景模拟、生活感悟、时事宣讲，大学生谈诚信、友善、节约、环保，美丽校园和美丽宿舍之我见，图文数字声像展览、求职模拟、案例教学、知识和技能比赛、影视观感、师生角色互换、小组成果展示、调研分享、论文撰写等活动，各种形式的课内实践都可以渗透工学结合的内容。通过各种实践活动的演绎，培养学生对现实生活问题的正确认知和解决问题的能力，提高学生的职业素养和就业创业能力。

（四）开辟校外实训基地

建立实践教学基地，可以使学生在校期间就接触社会，毕业后很好地适应社会。由于经费的原因和出于安全的角度，本着"就近"原则，把校外实践教学尽量安排在学校的周边地区。组织学生参观免费开放的博物馆、纪念馆，参观有地方特色的重要景点，了解历史，了解国情。例如，在反法西斯战争胜利70周年，某院校就组织学生参观刚刚修缮一新的阜新万人坑死难矿工纪念馆，学生的心灵受到极大的震撼，这就是对学生进行一场生动的爱国主义教育。思政课教师可以联系附近的社区、福利院，建立多个服务型实践教学基地，在服务中培养公民意识和社会责任感。送文化、送科技下乡、宣传城乡统筹，关心留守儿童和空巢老人等，让学生在道德践行中培养美德。根据学生对实践教学的参与程度、综合表现和实践单位的反馈情况，依据考核标准评定成绩，纳入期末总成绩，充分调动学生参与实践教学的主动性、积极性。

总之，强化高职思政课的实践教学，既是实现大学生知行统一，提高学生的综合素质，特别是提高学生的职业道德素质，达到服务对象即学生、企业和社会增值和满意的重要途径，又增强思政课实效性的内在要求。

第三节 高职院校思政课实践教学的地位与作用

思想政治教育是指社会或社会群体用一定的思想观念、政治观点、道德规范对其成员施加有目的、有计划、有组织的影响，使他们形成符合一定社会要求的思想品德的社会实践活动。由思想政治教育的定义我们不难看出，思想政治教育它主要还在于社会实践。而在传统的思想政治教育教学活动中，我们却发现存在以下几方面的认识偏差：由于思想上对实践重视不够，导致重理论学习，轻实践活动；授课教师和组织学生开展实践活动的教师分属不同管理系列，两者不能有效结合，造成教师为组织活动而组织活动，影响大学生"行"的锻炼；授课教师在组织实践教学活动时受实践基地、活动经费等困扰，造成实践教学形式单一；实践活动重过程而轻结果，从而"一窝蜂，两手空"，使思想政治教育成为一种高高在上，失去时代性、说服力和感染力的说教。因此，通过对社会实践在思想政治理论课教育教学中的地位、作用及意义的探讨，以期引导大家自觉面向实践教学，自觉实现向实践的转化。

一、社会实践在思想政治理论课教育教学中的地位

科学认识社会实践在思想政治理论课教育教学中的地位需要从大处着眼，通盘考虑的方法。无论是从奴隶社会、封建社会、资本主义社会、社会主义社会还是未来的共产主义社会，用社会实践去考察、指导、推进思想政治理论课教育教学都是一条亘古不变的道理。

（一）社会实践是思想政治理论课教育教学的"生命线"

马克思主义的认识论认为社会实践是思想政治理论课教育教学"生命线"的理论依据。这是因为：第一，社会实践是人的正确思想形成和发展的源泉。思想政治教育教学理论只有当人同客观事物相接触时才能产生，而社会实践是人同社会环境和客观事物相联系的纽带和桥梁。第二，社会实践是思想政治教

育教学理论发展的动力。社会实践是不断向前发展的，永远不会停留在一个水平上。社会实践的发展，一方面不断提出新的课题，推动人们从事新的探索；另一方面，社会实践的发展还不断地给我们提供新的经验材料、认识工具和试验手段，帮助人们提高认识能力，促进思想发展和技术进步。第三，社会实践是思想政治理论课教育教学的目的和检验思想政治理论课教育教学理论是否正确的根本标准。我们所进行的思想政治理论课社会实践就是要帮助人们树立远大的理想，树立正确的世界观、人生观和价值观。其目的不是为了别的，就是为了充分调动人们进行社会主义现代化建设的积极性和创造性，就是为了帮助人们在社会实践中正确的分析和处理各种实际问题。同时经过实践，内化在我们头脑中的各种看法和观点是否正确，即是否具有真理性，不能靠人们自己去判断，只能靠社会实践去检验。也只有社会实践，才能直接检验人的思想是否同客观现实及其发展趋势相符合，判断它是正确的还是错误的，即是否具有真理性。所以，社会实践是检验人们关于思想政治教育教学理论真理性的根本标准。

总之，社会实践是思想政治理论课教育教学理论形成、发展、认识的目的及检验是否具有真理性的根本标准。因此，没有社会实践就没有思想政治教育教学理论的产生、发展和繁荣。所以，社会实践是思想政治理论课教育教学理论的"生命线"。

（二）思想政治理论课社会实践是区分不同社会制度，不同价值取向的"指向标"

在阶级社会里，社会意识和社会实践具有鲜明的阶级性。就深刻剖析阶级社会的发展演来讲，统治阶级的社会实践都是奔着实现自己阶级的利益而去的，历史上每一个阶级所进行的无数次革命，改革都是为了最大限度的满足自己的需要。他们调节着自己时代的生产和分配。这就意味着他们的社会实践是一个时代的占统治地位的阶级的利益要求。例如，在当今的资本主义社会，在商品经济、自由竞争的基础上，作为私有制的自私自利、个人主义、金钱万能的思想观念恶性膨胀。唯利是图的资产阶级，出于维护自己统治地位的目的，他们总是千方百计的榨取劳动人民的血汗，抑或是向着维护自己阶级利益的方向去说教。而在我们社会主义社会的今天，在意识形态上，由于有马克思主义理论指导，思想政治教育，又有共产主义、爱国主义、集体主义协调我们的行为，所以我们的社会实践总是向着为广大人民群众服务，向着巩固社会主义制度，向着推动社会主义市场经济的方向发展。

（三）思想政治理论课社会实践是经济社会发展的"助推器"

马克思主义理论认为，人类社会一般结构包括生产力和生产关系、经济基础和上层建筑。其中，生产力决定生产关系，经济基础决定上层建筑；同时生产关系对生产力、上层建筑对经济基础又具有反作用。而社会的存在与发展就是生产力与生产关系、经济基础与上层建筑由不符合——符合——不符合的这样一个矛盾运动过程。在这每一个矛盾运动过程中，历史总是向我们提出新的任务，促使我们不断的运用现有理论、工具去探索问题、解决问题。思想政治理论课教育教学实践就是本着去解决青年学生在成长过程中所出现的新问题、新任务，既吸收前人的理论成果，又充分利用社会为我们所提供的实践工具和实践手段，去迎接挑战，促进发展；同时，又经过实践，总结实践经验，去指导实践，推动经济社会的发展。

（四）思想政治理论课社会实践是社会主义精神文明建设的"铺路石"

社会主义精神文明，是以建设中国特色社会主义共同理想为基础，其基本内容，大体上分为文化建设和思想建设两个方面。所谓文化建设主要是指教育、科学文学艺术、新闻出版、广播电视、卫生体育等各项文化事业的发展和人民群众知识水平的提高。所谓思想建设主要是指马克思主义的理论教育、党的基本路线教育、无产阶级世界观、人生观和共产主义道德品质教育等。最重要的就是革命理论道德纪律教育。这就告诉我们，思想建设的全过程就是思想政治教育的全过程，它决定着我国精神文明的社会主义性质。因此，我们必须按照社会主义精神文明建设的根本任务，培养有理想、有道德、有文化、有纪律的社会主义公民，提高整个中华民族的思想道德素质和科学文化素质。而思想政治理论课教育教学社会实践本来就是沿着共产主义、集体主义方向前进。在前人研究的基础上，借助现有实践手段和实践工具去探索问题、解决问题。

在此基础上，改造人的思想，塑造人的灵魂。无产阶级只有引导广大人民群众通过实践，从而树立为社会主义、共产主义奋斗终生的远大理想，成为真正具有共产主义理想的建设者和接班人。

二、社会实践在思想政治理论课教育教学中的作用

任何事物在社会中地位的轻重与否，不在于它标榜了什么，而取决于他对社会的贡献，是推动了社会的进步，还是阻碍了社会的发展。社会实践在思想政治理论课教育教学中之所以有如此重要的地位，以致我们采用了诸如"生命线""助推器""指向标""铺路石"这样的字眼，就在于它确实为我们社会的进步和发展起到了巨大的作用，特别是在我国进入了社会主义现代化建设的今天，其作用表现如下：第一，通过实践，教育主体和教育客体可以将大学生在书本中学到的知识应用于实践，从而达到理论和实践、主观和客观、知与行、具体和历史的统一。在实践中检验真理和发现真理，并用这种真理性认识来武装自己的头脑，从而实现一个"充电"的过程。第二，只有广泛的参加社会实践，只有深入实践中去，通过参观访问、调查研究，深入理解和领会党的路线方针政策，学习英雄模范的先进事迹，达到在思想上真正贯彻"四项基本原则"，牢固树立共产主义远大理想和奋斗目标。在实践中不断提高自己的政治觉悟和政治责任感，培养公民民主意识，提高公民法制观念，并将所有这些思想在深刻吸收的基础上外化为大学生的自觉行动，以先锋模范作用促进党和国家各项法律法规政策的贯彻落实，保证经济建设的社会主义方向并为此提供精神动力和智力支持。第三，教育主体和教育客体通过参加社会实践把大家组织和团结起来，各成员之间相互交流、表达思想、协商讨论，从而通过协调人与人之间的关系，协调人们的心理状态，使不同主体之间有争执的事情得以平息，有矛盾的利益得到解决。达到消除分歧、达成共识，促成各种因素、各种力量、各种手段得到最佳的配合，促进群体和谐。

第二章

高职院校思政课实践教学模式

- 第一节 课堂实践教学
- 第二节 校内实践教学
- 第三节 校外实践教学

第一节　课堂实践教学

思政课课堂实践教学是为了达成具体的教学目标，在思政课教师的精心设计和组织之下，以思政课课堂为载体和平台，借助多种不同的形式将思政课教学内容与具体实践有机结合起来，引导学生进行思考与互动，在互动中加深对相关知识的理解与认识，进而达到提升学生思想道德素养的目的。具体可以从以下几方面进行分析。

一、分享会

当前，我们身处互联网时代，互联网时代最为鲜明的特点就是人们获取信息日益便捷、多元，人们每天都可以接收到海量的信息，但是每一个人的关注点不一样，这又导致每个人接收的信息量虽然大，但信息内容却各不相同。在思政课课堂上设置分享会这一课堂实践教学形式，就是要达到两方面的目的：一方面是让高职学生把自己在网络和生活中获取的海量信息通过课堂这一平台进行交换，拓展学生的视野，丰富学生的信息和知识；另一方面是引导学生正确、有效使用互联网，避免学生陷入无聊低俗的影视、游戏作品中不能自拔，避免学生整日被海量的信息淹没却无所收获。

具体来说，分享会就是思政课教师定期让学生把自己近期读过的书，看过的影视作品，或者是在朋友圈、微博、门户网站看到对自己有所启发的文章，或者自己亲身经历抑或其他对自己有启迪和教育意义的事情在课堂上与同学分享。通过分享会这一课堂实践教学形式，思政课教师能够快速了解自己所教的高职学生目前关注什么，他们的兴趣点在哪里，教学时选取什么案例能够引起高职学生的兴趣，提高教学效果。与此同时，分享会这种课堂实践教学形式也有助于学生将自己碎片化的阅读加以整理。因为高职三门思政课中每节课都会有分享会这一形式，这样就会使学生必须拿出能和同学们分享的素材，而且必须对分享内容有所思考。这样日积月累，将有助于培养学生思考的习惯，而且还能让学生做一个生活的有心人，善于发现，善于思考，敢讲真话，从而获得更多关于人性、道德、法律、国家、社会等方面的感悟和体会。

二、焦点讨论

当前青大学生身处全媒体时代，每时每刻都能轻松获得来自全球的资讯，所以思政课既要有较高的政治视野，又要有理论的深度，还得接地气，让学习的学生感兴趣、愿意学，焦点讨论无疑能够激发学生的课堂参与热情和动力。

具体来说，焦点讨论就是在思政课的课堂教学中引入当前时段国内外热点问题或者话题，让教师和学生共同就这一被人们广泛热议的焦点问题进行讨论，在师生共同讨论的过程中，教师引导学生去深入分析和思考问题。焦点讨论的"焦点"主要体现在两个方面，一个是问题本身是"焦点"，另一个是让讨论成为本节课的"焦点"。问题本身是"焦点"就是在思政课上讨论的问题本身就是当前时段内人们所广泛关注的焦点问题，青年学生也非常关心、想要了解的事件，同时对于此事件也有着自己的看法和观点。让讨论成为本节思政课的"焦点"是指，让焦点讨论环节成为课堂上青年学生能力素养提升的关键环节，让学生在具体人物事件、特定话题的讨论中，学会从多个维度去思考问题，进而培养成一种良好的思维习惯，从而更为深刻、主动地去理解客观世界和自己的主观内在。焦点讨论中焦点的选取对于教师的要求很高，一方面教师要真正选取学生关注的当前热点、焦点，另一方面要真正将焦点讨论打造成提升学生能力素养的焦点环节。

三、课堂辩论

当代青年学生热情奔放，愿意表达自我，也喜欢通过与他人辩论来表达自己和证明自己，这无疑是思政课上开展课堂辩论的有利基础。辩论这一形式既符合当代大学生的特点，广受青年学生的喜爱，又能够有效提升青年学生的口头表达能力、随机应变能力和理性思辨能力，还能帮助学生不断扩展和深化自己所学知识，一举多得，是非常好的一种课堂实践教学形式。与此同时，课堂辩论对于教师的要求也很高，一方面需要教师选取合适的辩题，即辩题既要激发青年学生的兴趣，想要说点什么，又要有一定的难度和挑战性，需要大学生搜集、查找大量的资料去佐证和支持自己的观点；另一方面，在辩论过程中也需要教师对辩论的方向和进程进行有效的引导，让辩论在一种和谐的氛围中有序进行。

具体来说，课堂辩论就是思政课教师结合教学内容在适当的时机选取适当的辩题让青年学生在课堂上发表自己的观点，对不同观点进行辩驳，通过辩论这一活泼的课堂实践形式，让学生对某个问题有更为全面、深刻的认知。课堂辩论从表面看只是课堂上几十分钟的双方辩论，实际上却是对学生多方面能力的综合考察。在准备辩论之时，双方辩手要查找大量的资料，既要有佐证己方观点的资料，又要有辩驳对方观点的资料，同时还需要双方辩手内部合理分工、有效协作，发挥每个人的最大优势。在具体展开辩论之时，双方辩手需要高度集中注意力，随机应变，恰当表达自己、辩驳对方，同时还要注重辩论的礼仪，做到有理有节。真理越辩越明，辩论这一思政课课堂实践教学形式有助于青年学生在辩论当中不断重新认识和修正自己的价值理念，进一步明确自己的人生理想与信仰。

四、案例分析

理论的生命力源自实践，再伟大、深刻的理论，如果不能和实践相结合，那么就不能被更多人所认识，特别是青年学生。青年学生求知欲特别强，对理论知识也有很浓厚的兴趣，但是青年学生人生阅历普遍较少，缺乏经验，而单纯的理论讲授往往又不够生动、具体，青年学生往往会感觉枯燥乏味。通过分析一个真实的案例带动青年学生收集资料，了解该案例的背景、人物、地点、时间，以及事件发生的原因、经过、结果、影响等，可以让青年学生不但对具体案例有一定了解，而且在分析案例的同时对案例发生的历史背景、蕴含的具体理论有一个全面的认识。

具体来说，案例分析就是在思政课上就某些学生难以理解的理论或者知识点，思政课教师通过引用并分析一段真实的历史故事或者事件来帮助学生对知识进行掌握和理解。案例分析在思政课教学中的作用有很多，可以用来引出某个知识点，也可以用来具体分析某个人物、事件，还可以用来理解某一个具体的理论，甚至可以借助某一个案例来对某段历史进行分析，但是不论案例如何被使用，它都是要服务于我们思政课的教学目标的，都是借助案例分析这一课堂上能够有效调动学生学习积极性的实践教学形式来让学生深刻理解知识，同时学会用理论来分析案例或者学会从具体的案例中去总结历史规律和经验，进一步深化认知。

五、角色扮演

人是社会性的动物，在人的社会性存在中，每个人都需要和社会中的他人发生联系，同时也只有在与他人的合作中才能实现自己的人生价值。当前青年学生是一个有思想、有个性的群体，他们渴望展现自我，得到他人、社会的认可，但是由于其生活的特有的时代背景导致其大部分都是独生子女，在家庭生活中缺乏与同辈互动协作的经历，这也导致这一代人普遍存在不同程度的以自我为中心的性格特点。然而，现实的社会生活却是一个需要彼此协作方能成就你我的场域，因此，懂得换位思考，能够理解、包容、合作是当代青年学生未来发展的必备品质，也是思政课在高校人才培养方面的重要目标。广大青年学生在成为社会的栋梁之前首先要成为一个有思想、有道德的青年，成为一个能够与他人良好沟通、互动、协作的青年。

具体来说，角色扮演就是在思政课上教师根据教学需要设计一个情景，情景要真实、具体，让学生身临其境，真实感受不同情景之下人的感受、思想与行为，从而对某个问题或者某种理念有一个科学、全面的感知和认识。在思政课教学过程中，尤其是思想道德修养与法律基础这门课的教学中，涉及很多关于人生观、价值观、理想道德等方面的内容需要给青年学生讲述，然而仅仅依靠教师的讲授往往难以达到让学生感同身受，进而学会换位思考、理解他人的目的，角色扮演则能以一个全新的视角和方式帮助青年学生对某个问题，对某些人的理念、行为有一个全新的理解和认识，走出之前的认识误区或者发现自己在认识上的盲点，还能通过真实的情景模拟和具体角色的扮演更深刻地感受此时、此地、此人、此景，理解当事人的感受与行为，做一个有情感、有情怀、有理性的青年人。

六、学生讲坛

教师认真讲，大学生仔细听，这是传统课堂教学的最基本形式，也是最主要形式，它的优势不言而喻，能够充分调动教师的知识储备和讲授技巧，在有限的课堂教学时段内为青年学生讲授更多、更为深刻的知识与理论。但是这种教师讲、学生听的课堂教学方式也有其自身不可避免的不足，那就是不易调动学生的听课与学习积极性，尤其是在那些课堂讲授还不够生动的教师的课堂上，而当前发达的互联网与信息资讯系统又给青年学生提供了非常丰富的信息获取渠道，学生可以借助很多媒介获得自己想要了解的知识，加之当前青年学生又有较为强烈的自我表达欲望。因此，这种既能调动学生学习积极性，又能展现学生才干的学生讲坛就在各个高等院校的课堂上应运而生了。

具体来说，学生讲坛就是思政课教师为了让学生对某些重要知识点有一个全面、详尽的了解和认识，在思政课堂上设计一个教学环节即学生讲坛，让学生以小组为单位，自己备课，然后再推选一名代表登上讲台为全班同学讲课，同时还要求该小组的学生回答班上其他同学在该知识点上存在的疑问以及教师的提问等。这种课堂实践教学形式，一方面能够激发学生以小组为单位收集资料、准备课程的协作热情，培养和锻炼其团队精神；另一方面也有助于青年学生理解作为一名思政课教师的不易，看似很小的知识点，如果要把它讲全面，讲的深刻透彻，需要花费大量的时间、精力去备课，进而懂得尊重知识、珍惜教师的劳动成果。教与学是一个相互促进的过程，这种实践教学形式为师生对于某个知识点的理解提供了一个全新的视角，也增进了师生双方的沟通和理解，真正让思政课走入学生的心中。

七、影像展播

当代青年身处全媒体的时代，每天都可以通过各种渠道、载体接收各种自己喜欢的、感兴趣的资讯。身边的媒介都有一个共同点，就是图文并茂，影像资料较多，极具视觉冲击力，能够吸引年轻人的眼球，激发年轻人的浏览兴趣，内容也给年轻人留下了极为深刻的印象。时间长了，他们就形成了使用这些媒介的习惯，最终成为其忠实的使用者。在极具政治性和理论性的思政课堂上引入影像资料能够有效避免单纯理论讲授给青年学生带来的枯燥感，同时影像资料极富视觉冲击力能够吸引青年学生的眼球，让他们对思政课的内容产生了解和学习的欲望和兴趣，这无疑有助于青年学生更好地学习思政课。

具体来说，影像展播就是思政课教师根据思政课程教学的需要，在思政课的教学过程中有计划地播放一些弘扬社会正能量，以期能够激发学生的爱国热情，培养学生的家国情怀和优良道德品质，有效提升思政课的教学效果。影像展播作为思政课课堂实践教学的一种形式，影像资料也只是一种载体和媒介，不能完全代替课堂教学，而且影像资料中纪录片比较多，一部纪录片的时间都比较长，所以思政课堂上影像资料的播放时间也是要有严格限制的，不能一节课都用来播放影像资料，而应该在有所选择、截取的基础上为学生播放优质资料。播放影像资料的目的是通过影像资料激发学生的学习兴趣，加深其对某个知识点的理解，同时通过观看后课堂提问的方式，引导学生思考并付诸行动。如果学生对课上播放的影像资料兴趣浓厚，教师可以提供影像资料的链接或者资源，让学生在课下自行观看学习。

八、专题讲座

专题讲座也是思政课课堂实践教学的形式之一，但是它不同于焦点讨论，焦点讨论主要目的是让学生关注生活、关注社会、关注时政，善于发现和思考问题，引导学生从多维度思考和分析问题，学生是主体，教师是辅助，但是专题讲座则不然。专题讲座是就某一个热点问题、难点问题，邀请知名专家、学者或者对此方面有深入研究的本校教师为学生进行系统讲授，帮助学生更深入地理解该问题。这其实是对思政课课堂教学内容的一个再丰富和补充，有效弥补了思政课中经常出现的教学内容很多，但教学时间不够，很多知识点无法详细深入讲解的不足。因为对某一个热点或者难点问题的系统讲授过程本身就会涉及很多知识点的回顾与认识，同时，专题讲座基本都是在征求学生意愿的基础上开展的，所以专题讲座的主题也往往会是社会的热点问题。因此，专题讲座既能结合社会实际，又能从专业、学科的角度去深刻剖析当下社会存在的各种问题，还能在某一专题的讲授过程中将最新的学科前沿理论带给广大青年学生，真正将思政课与社会实际和理论前沿有机结合起来。

第二节　校内实践教学

实践教学的教学目的是为了检验学生所学的理论与方法,采用相应手段,按照实际工作的要求进行实际教学的教学活动,是掌握基本技能的必要教学活动。为了使学生达到实践教学的目的可以从以下几点出发。

一、校内调研

一切从实际出发、实事求是是马克思主义的基本原则,也是思政课想要传递给学生的一种做人、做事的基本价值遵循。高职院校学生接触最多的就是各种理论知识,而理论的生命力在于其源于实践而且能够指导实践,因此,理论联系实际、一切从实际出发、实事求是也是高职院校青年学生未来成长成才的基本前提。调查研究就是一种最为基本的接触生活、接触社会、接触实际的基本途径,它能够帮助高职青年学生将自己在课堂上所学的理论知识与现实社会生活中的实际相结合,从而更为全面、立体地了解生活、了解社会,进而理解自己在课堂上所学的相关理论。

具体来说,校内调研就是思政课教师根据教学目标与大学生培养目标,以高职校园为载体和平台,结合思政课的教学内容,号召和组织青年学生在校园内开展各种贴合学校和学生实际的实地调查研究活动。当代青年学生极富个性而且有思想,但是很多时候有些青年学生的思想有些偏激并不符合社会实际,思政课教师想要帮助其改变和更新观念仅仅依靠单纯课堂讲授或者说教,很难达到说服此类学生和帮助其确立客观理性思想和观点的目的。而校内调研则能很好地达成这一目的,例如,有些学生认为当代青年学生都是精致的利己主义者,没有爱国情怀,显然这一观点并不客观,以偏概全,尽管思政课教师在课堂上对此观点进行了澄清,但是对于改变持此类观点学生的思想可能作用有限,唯一能够让这些学生心悦诚服的做法就是让他们自己在大学校园进行调查研究。校内调研使他们能够实地与同学进行零距离的接触、观察和访谈,真正了解周边青年学生的所思所想和所为，从而发现大部分青年学生都是有着一份爱国的热情和情怀，而且也是乐于助人、关爱同学和社会，并非都是精致的利己主义者。通过实地调查研究，学生走出了自己狭隘的世界，转变了自己原有的想法和观念，真正达到知行合一。由此可见，校内调研对于了解当前青年学生的思想动态、行为习惯与价值观念效果明显，也有助于培养青年学生知行合一、实事求是的严谨作风。

二、图书寻访

书籍是人类进步的阶梯，它在赋予我们知识的同时，也在向我们传授生活的道理，当阅读成为一种习惯时，它就能够陪伴我们的一生，让我们受益终身。传统时代，图书对于人们的意义重大，人们的知识也大多来源于书籍，"读万卷书，行万里路"就鲜明地体现了书籍与实践对于人类的重要性。当今时代是一个全媒体、信息化的时代，人们习惯了各种电子产品与电子媒介，以至于很多人慢慢丢弃了看书的习惯，高校的青年学生尤其是高职院校的学生除了上课必须看的教科书之外，较少有人保留着每天读书或者定期读一本书的习惯，对此必须引起我们的重视。作为一名大学生，丢弃了读书的良好习惯，不仅对于学业有影响，而且对于未来的人生发展也是一大损失。图书寻访旨在通过一种贴近现实的方式重新燃起青年学生读书的欲望和热情。

具体来说，图书寻访就是思政课教师为了重新唤起青年学生看书、读书的热情，结合讲授的教学内容，充分利用高校图书馆丰富的图书资源，采用多种形式让一些对青年学生人生发展、价值引领有促进作用的经典著作、名家名作能够在高职学生中流传开来，让更多的学生能够认真阅读这些经典，领会其中的内涵，而非仅仅知道名著的梗概甚至是仅仅知道名著的名字，对内容是完全陌生。同时，思政课教师还要结合当下青年学生喜欢的内容题材为学生推荐一些优质的新书，也欢迎学生向教师、向学校图书馆推荐好书、新书，丰富学校图书馆的馆藏。因此，这种充分利用高校校内图书资源，激发青年学生读书热情、培养学生读书习惯的实践教学形式无疑是高职院校思政课校内实践教学的一种重要形式。

三、主题演讲

当代青年学生普遍具有思想丰富、视野广阔、喜欢表达自我的特点，演讲无疑能够给他们提供一个表达自我、展现自我的平台，演讲这种形式一直以来也深受青年学生的欢迎。其实，演讲不是空洞的说教，也不是社会现象的罗列，更不是人云亦云的老生常谈，而是要全面、彻底、充分地表达某一个观点，并且要让听者能够理解、明白你所表述的问题或者内容，所以演讲对演讲者的综合素养要求很高。它要求演讲者既要有清晰、敏捷的思路，伶俐的口齿，又要对讲述材料的本质内涵加以分析、概括、提炼、延伸，同时还要能够通过富有理性色彩的语言表达、渲染并激起听众的心理共鸣，将听者的思绪引向一个更为崇高的境界，使演讲的主题得以升华。在青春激昂的学校校园内，主题演讲无疑是一个能够有效激发学生参与热情的实践环节。

具体来说，主题演讲就是思政课教师根据思政课的教学需要，选取一定数量的青年学生感兴趣的、能够引发学生思考的问题或者观点作为演讲主题，在学校范围内广泛号召青年学生参与的演讲活动。主题演讲是思政课教学在高校校园内的一种拓展和延伸，它不但有效拓展了思政课的教学领域，而且锻炼了学生表达自我、展现自我的能力，丰富了青年学生的校园生活，真正在高校校园内将青年学生的课堂学习与校园生活有效地结合起来，是一种生动的校内实践教学形式。

四、微电影制作

当代青年学生身处微时代，不仅每天能接触到大量的微媒体，而且学生自己也非常善于使用各种类型的微媒体和相关软件，特别是现在高像素的智能手机。每一个学生都可以通过智能手机和相关软件来制作各种类型的微视频、微电影来反映校园文化、社会现象或者表达自己的心声。高校大学生特别是高职院校的学生对于具有视觉冲击力、立体生动的影像资料往往都比较感兴趣，因为视频、电影等影像资料可以借助声音、图像、动作、台词、道具、场景甚至特技等多种途径去再现某一场景，表达某种观点和情感，能够带给人更为真实的情感体验，这也是其他媒介无法比拟的优势，而这种优势也正好能够满足高校青年学生的需求。

具体来说，微电影制作就是为了提升思政课的教学效果，思政课教师鼓励高校青年学生综合利用当前微时代的多种媒介和软件，联系思政课所学的知识以及当前高校校园或者社会中经常出现的现象，结合自己对某些问题、现象、观点的看法，以个体或小组的方式演绎和拍摄相关视频内容，并对所拍摄的视频加以剪辑、整合进而形成一个完整的视频资料。微电影制作是一种综合的实践教学形式，因为思政课有微电影制作这一实践教学要求，所以能够迫使青年学生做一个校园生活的有心人，时刻留心、留意校园内外发生的种种事情或现象，并能够从思想政治教育的角度去看待和思考这一现象或者问题。此外，微电影制作是一个表面看似轻松，只需随手拍摄一段视频即可，实则任务繁重、要求很高，既需要有较高的主旨、立意，又需要小组成员精诚合作，撰写脚本、布置场景、指导演员表演，还需要小组成员有较高的视频软件使用和制作水平。除了对青年学生有较高的要求外，对于高校思政课教师的要求也很高，需要思政课教师在学生微电影制作的过程中全程参与指导，一是有效保证微电影的主旨鲜明正确，二是严把质量关，帮助学生提升微电影的制作水准。由此可见，微电影制作这一校园实践教学形式能够有效调动教师和学生双方的热情与创意，同时也能充分发挥和展现当代青年学生思想觉悟与专业技术方面的能力和水准。

五、校园文化节

高职院校云集了来自全国各地的大学生，大学生兴趣广泛且多才多艺，因此，高职院校的校园文化向来类型多样、丰富多彩，这也为大学生发挥和施展自己的才干提供了广阔的舞台，在影响和改变人的思想和观念方面，恐怕没有一种形式能够比文化这一形式更加深刻且细腻地发挥其作用了，文化往往以一种润物细无声的方式在潜移默化中影响和改变着人们。身处高校校园的青年学生每日浸润于校园文化的熏陶之中，自己在不知不觉中也有了改变，而很多时候学生自己却浑然不觉，因此，我们应该充分利用文化以及与文化密切相关的形式和载体来影响和改变学生。

具体来说，校园文化节就是为了实现在潜移默化中影响和改变青年学生的世界观、人生观和价值观，思政课教师以及高职院校学生工作部门、团委多方协同在高校校园内推进校园文化节的建设，其中学生工作部门主要负责学生的培训与管理，团委主要负责学生文化社团的组织，思政课教师主要负责文化节主题的确定以及学生社团活动的指导与提升。校园文化节的文化活动丰富多彩、形式各异，也正是因为丰富多样，也很容易落入俗套，没有思想内涵；文化节的主旨不是单纯让大学生热闹一番而已，而是要借由校园文化节中贴合大学生实际的各类活动，引发学生对于人性、社会和国家、民族的思考。与此同时，在思政课教师的指导下，学生能够意识到自己身上肩负的责任与重担，进而通过自己的社团活动去进一步影响和改变周边的同学，从而达到改变高职院校校园文化环境和氛围使其更富思想性的目的。

六、知识竞答

青年学生对于知识的掌握可以有很多种方式，既有在教师课堂讲授中的理解与识记，也有在课外学习资料中的掌握，还有在社会实践中的获得，其中知识竞答就是一种比较常见的形式。此外，知识竞答也是一种科学知识普及的有效途径，因为为了能够正确回答竞答题目，学生就必须进行全面的知识准备，这样他们势必会广泛地收集和阅读相关的课内、课外资料，这个准备的过程本身也是学生实践和历练的过程。因此，知识竞答也是学生校内实践的一种形式，它能有效调动广大青年学生掌握知识的积极性。

具体来说，知识竞答就是思政课教师结合教学大纲和教材所学内容，为了考查课程当中的某些知识点和内容，拟定竞答的题目和相关参考答案，组织校内学生以竞赛的方式参与其中，并且通过竞赛的方式来巩固所学知识和内容。同时，知识竞答还具有其他校园实践教学形式不可比拟的优势，知识竞答形式非常灵活，既可以在整个大学校园开展，也可以在某个二级学院开展，还能够以班级为单位开展，不同规模和级别的知识竞答都是为了达到同样的目的，即帮助青年学生对思政课或者与思政课相关的内容的理解和掌握。由于学生想要得到知识竞答中好的名次，在这期间学生学习的主动性往往特别强，而且也非常有针对性，在如此积极、主动、高强度的学习之下，一个非常好的效果就是，经由此次知识竞答学生对此次竞赛主题的相关知识掌握得都非常扎实。由此可见，知识竞答不但能推动学生的自我学习，而且能够在高校范围内营造一种全体学习、热爱学习的良好学习氛围，这也是一种非常好的思政课校园实践教学形式。

七、课外作业

要想让学生对于某些知识点的理解和掌握比较扎实，仅仅依靠课堂上有限时间内的讲授显然是不够的，还需要学生在课堂之外勤加思考和练习。课堂之外一般学生的时间都比较充裕，而且身处高校，最大的资源优势就是学校的图书馆，当前高校图书馆的馆藏资源都非常丰富，再加上现代社会互联网技术非常发达，学生可以借助很多媒介来查找、阅读相关文献或者历史资料。在查找阅读的同时也锻炼了学生对海量资讯甄别、选择的能力。因为互联网虽然可以给人提供海量的资讯和信息，但这其中信息有真有假、良莠难辨，需要学生进行去粗取精、去伪存真，从而获得真正有用的资料。

具体来说，课外作业就是思政课教师根据教学所需，结合学生在课堂上对某些知识点或者理论的掌握程度，有针对性地设计一些思考性或者实操性的作业，让学生在课堂之外完成。需要注意的是，课外作业不应该停留在思政课教材中某个具体知识点的背诵与读写上，而应该是源于教材而又高于教材，是能够将教材内容与个人生活、家庭、社会相联系的具体问题的思考与实践上。面对这种类型的课后作业，学生往往难以在互联网上查询找到直接的答案，而是需要在查找资料的基础上，自己去思考、去建构、去实践，真正经由自己的付出与努力去获得答案。思政课的这种校园实践教学方式也是检验学生对课堂所学知识、理论掌握程度以及理论联系实际的一种非常好的方式。

第三节 校外实践教学

教育的三大基本思想：生活即教育、社会即学校、教学做合一。由此可见，要想让当代青年学生学有所获、学有所成，仅仅依靠课堂讲授显然不够，

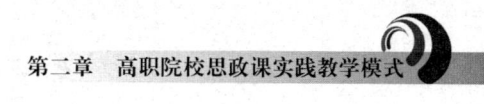

更需要学生们在课堂之外、校园之外广阔的家庭、社会生活中去体会和感悟，才能真正收获学习、生活的真谛。思政课校外实践教学就是充分利用大学校园之外的广阔空间，来影响、锻炼和提升当代青年学生的思想道德修养和社会责任感，将青年学生的个人实践与广阔、生动的社会活动空间相联系起来，真正教会青年学生如何做人做事。

一、校外参观

观察是学习者通过认真观看他人实施某种行为后所得到的结果来决定自己的行为指向。可以看出，观察是一种很好的学习方式，个体想要了解和掌握某方面的知识无须事必躬亲，亲自去实践每一个行为、活动，只需要认真观察他人是怎样做的即可。模仿也是一种很好的学习方式，当个体不会、不知该如何做出自己的行为时，可以通过模仿他人的正确行为来达成目的，这是一种非常简洁但是效率很高的学习方式。当代青年学生求知欲望强烈，想要学习和了解的东西很多，但是因为自身学生的身份以及时间、精力有限，无法事事都通过自己亲身实践去达成，因此，利用假期到校外去参观考察，在参观的过程中观察和模仿优秀人物的行为，不断改造自己的行为就是一种非常好的学习方式。

具体来说，校外参观就是思政课教师结合具体教学内容的进度和安排，组织青年学生走出大学校园，进入到具有学习和考察价值的场所，让学生在真实的场景之中去倾听、观察和了解某一个具体的历史时期不同人们的所思、所想和所为，进而受到启发、感染，有所收获的一种校外实践方式。校外参观看似简单，实则需要思政课教师的大量付出，教师不但需要结合教学内容以及教学所要达到的目的去选择参观的地点，而且还需要准确把握每次外出参观在青年学生的思想和行为上会产生怎样的影响和效果。要想让青年学生深刻理解和领会课程中的某些内容，仅仅依靠教材上有限的内容讲解显然是不够的，而校外参观则能很好地弥补这一不足。

二、基地实践

理论讲授与实践锻炼相结合才是学生理解和掌握知识的最佳方式，高职院校历来非常重视实践教学基地的建设，力图将学生的校内学习与校外实践有机结合起来，真正达到学以致用的目的。但是就目前状况来看，高等职业院校的实践教学基地更多的是倾向于学生专业技能的实践。专门的思政课实践教学基地比较少，在当前社会思想多样、价值多元、生活方式也日益多元的背景之下，青年学生的思想和行为也日益多元，要想引导学生树立正确、科学的价值观，培养符合社会规范的行为方式，思政课教学就需要有一套行之有效的理论和实践相结合的教学方式。

具体来看，基地实践就是思政课教师带领高校学生走出校园，走到学校定点的校外实践基地进行实地生产、制作或服务，真正以一名劳动者或服务者的身份去接触社会、感知社会、了解社会，进而服务社会，在此过程中教师需根据教学需要和教学目标引导学生有所思考和感悟，对人生、生活、工作、社会形成更为理性的认识，进而确立科学的世界观、人生观、价值观。一般来说，每一所高校所在的城市或地区都有一定数量的历史文化古迹和红色革命遗址或者博物馆，这些地方都蕴藏着丰富的教学资源，作为高职院校校外实践教学基地，可以让学生在思政课上学习知识的同时，深入这些基地进行实践，例如，培养学生成为红色教育基地的实习讲解员、引导员等。让学生作为一名讲解员去为参观学习的学员进行相关史料的讲解，是一个非常好的历练机会，同时也有助于学生对于自己在课堂上和校园内所学知识有一个主动深化理解的过程。因为讲授与学习不同，学会了不一定就能完整顺畅地讲述出来，更不一定能讲好；而能够完整、清晰地把某一个史料或者知识点讲述给听众，讲述者本人一定是学懂了、学会了。由此可见，基地实践是一种真正有利于学生将课堂所学内容转化为自身实际行为的不可或缺的实践教学形式。

三、发现生活

现实生活中有很多美好的东西值得我们去发现、聆听、欣赏和学习，只是现代社会人们都习惯快节奏的生活，工具理性至上，人们太多关注某样东西的实用性及其对人类的价值，无心去慢慢欣赏和品味生活本身，发现生活带给我们的除去实用、功利的另外一面。当代社会发展日新月异，创新无疑是社会发展的动力和源泉，而创新首先源自对于生活的仔细观察和发现，没有一双善于发现生活之美的眼睛，显然无法挖掘自身创新的潜力。当代大学生虽然生活于速食时代，但是内心始终要保留一份求真、务实、探索的精神，唯有如此，方能在极速飞奔的时代漩涡中不至于迷失自我。

具体来说，发现生活就是思政课教师要引导学生在课堂之外，在自己的校外生活和工作中培养敏锐的洞察力，善于观察和发现生活中善良、诚信，善于发现自己、他人、社会还存在哪些不足和问题，积极去思考、分析如何去解决问题，让我们的生活更和谐、美好。在发现生活这一校外实践教学环节中，思政课教师起着非常重要的作用，他们承担着引导学生去哪里、向哪个方向发现和寻找，到底要发现和寻找的重任是什么。因此，校外实践中发现生活之价值，其重要性不言而喻。

四、社会调查

当今社会瞬息万变，资讯异常发达，对于广大正在求学的青年学生来说，学校课堂固然是获取知识信息的途径，但是在课堂之外，广阔的社会环境才是青年学生真正获取知识信息的重要途径，毕竟教科书上的知识在这个信息瞬息万变的时代很快就会显得陈旧，加之青年学生对于新事物、新理论又充满了渴求，因此，高校课堂上教师教授学生更多的是一种学习的方法一种高效学习、有效学习的方法而非有限的知识内容，因为掌握了学习的方法，就如同掌握了点石成金的指头，在未来的学习、生活中可以凭借此学习方法持续地获得知识，持续地让自己得到成长和发展。社会调查这种方式就是一种非常理想的使学生持续发展和提升自己的方式。

具体来说，社会调查就是思政课教师根据教学内容和教学目的的相关要求，设计相应的调查课题，让学生深入社会的各个领域、各个角落去了解、搜集和掌握相关的数据、资料，对搜集的资料进行统计、分析，并最终形成相应的结论。这个搜集资料的过程本身就是对青年学生能力的锻炼过程，因为要想搜集资料，就必须通过设计问卷这一途径，而设计问卷本身就是对学生问卷设计能力的考查和锻炼，问卷如何发放、如何回收、回收之后如何进行统计分析，统计分析数据时使用哪种统计分析软件，数据分析的过程本身也是一个去粗取精、去伪存真的过程，最终调查结论的得出也是对青年学生分析、判断能力的考验和锻炼。除了从技术的角度看待社会调查对青年学生能力的锻炼之外，还可以从扩展大学生视野、培养学生家国情怀、社会责任感等各个角度来看待社会调查。社会调查选题的广泛不但能够拓展青年学生的视野，而且能够激励学生去发现、分析社会生活中的各种现象，进而分析现象背后的原因，揭示其背后蕴含的基本规律，真正提升青年学生理论联系实际的能力。

五、公益活动

日行一善，每天做一些力所能及的事情去帮助他人，让他人和社会变得更加和谐美好。现代社会，随着人们物质生活水平的提高，人们对于精神生活的要求也日益提升，满足人们的精神需求，除了通过各类文化体育活动之外，还需要诸多能够体现现代人社会价值的公益活动。参加公益活动有助于现代人施展自己的才能，奉献自己的爱心，为有需要的人、为社会贡献自己的一分力量，也有助于促进社会和谐。

具体来说，公益活动就是思政课教师鼓励青年学生关注社会中各类群体的生活境遇，关心社会发展，积极参与社会活动，充分发挥自身的专业知识与技能，为社会上有需要的人群和组织贡献自己的一分力量，进而在参与公益活动的过程中对社会有一个更为全面、深入的认识。现代社会公益活动的范围已经非常广泛，不再仅仅是原来非常狭窄的范围，而是涵盖社会生活各个方面，青年学生参与公益有充分的选择空间，可以充分发挥自己的专业所长，真正选择社会所需且自己感兴趣、有能力胜任的公益活动。例如，法制宣传、环保知识普及、灾害预防与救助、爱心慰问与捐赠等公益活动。参与公益对于青年学生来说本身就是一种体验和历练，公益活动的对象各不相同，公益活动的内容也各不相同，青年学生在参与的过程中本身也在体验不一样的生活，突破了自己既有的生活，对生活的其他方面有了清晰的认识和体会，对象牙塔之外的世界有了比较直接的接触和更为深入的认识和体会。加之，现代社会通信技术发达，互联网、微媒体发达，青年学生有了更多参与公益的途径，既可以在线下参与公益活动，也可以在线上参与网络公益活动。公益活动可以使青年学生有了新的生活体验和感悟，这些是思政课堂上仅仅通过课堂讲授难以达成的效果，由此可见，公益活动是一种非常好的校外实践教学形式。

第三章

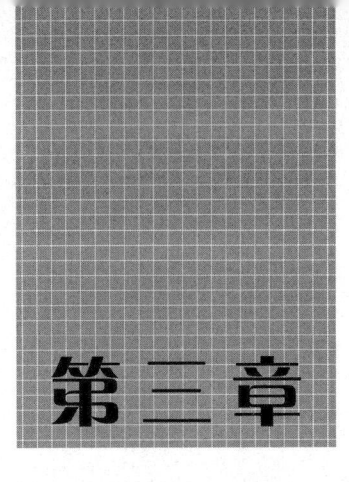

高职院校思政课程与课程思政协同育人

- 第一节　思政课程与课程思政概述
- 第二节　工匠精神培养与高职院校思政教育的有效融合
- 第三节　从教育学视角谈课程思政对大学生主体性发展的促进作用
- 第四节　高职院校课程思政与思政课程协同育人机制研究

第一节　思政课程与课程思政概述

课程思政是目前高职院校积极落实指示精神的实践探索，也是高职院校思想政治教育方式发生改变的一个重要方向。课程思政不仅是高等教育理念发展的需要，也是高职院校开发隐性思政教育的必然，更是新时期思政教育发展的内在要求。

一、思政课程概念

思政课程是指思想政治理论课系列课程，是中国特色社会主义高校对大学生全面、系统的进行思想政治教育的主要方式。

二、课程思政概念

课程思政指以构建全员、全程、全课程育人格局的形式将各类课程与思想政治理论课同向同行，形成协同效应，把"立德树人"作为教育根本任务的一种综合教育理念。

对于这一教育理念的理解和把握要注意以下几个要义。第一，课程思政不是一门具体的课程，而是一个体系，是一个包含思政教育目标、内容、手段及方法的体系。第二，课程思政所指的"课程"，是指所有的非思政课程，包括通识课程、基础课程、专业课程，甚至可以拓展到没有具体课程形态的隐性课程，因此，思政课程不是"课程思政"研究的对象。第三，课程思政研究的范畴是思想政治教育。第四，课程思政还是一个重要的理念，既作为新的思政理念，对推动思政教育具有很强的指导意义；又作为重要的课程理念，赋予课程教学方式改变的深远价值。

三、思政课程与课程思政的联系与区别

（一）二者联系

1. 价值指向一致性

思想政治理论课是大学生思想政治教育的主渠道，但并非只有思想政治理论课具有思想政治教育功能。"课程思政"的课程观强调把思想政治教育融入各类各门课程的教学和改革，正是体现了把思想政治工作贯穿教育教学全过程的要求，是加强和改进新形势下高职院校思想政治工作的重要途径，是高职院校思想政治工作的重要组成部分。

因此，"课程思政"与思政课程都是高职院校思想政治工作的重要组成部分，二者是一个"课程思政共同体"，共同发挥着对大学生思想价值的引领作用，从而树立对社会有用的价值型人才。

2. 要求一致性

要坚持以学生为中心。"思政课程"与"课程思政"要紧紧围绕学生、大力关照学生、不断提高学生的思想水平、政治觉悟、道德品质、文化素养，让学生成为德才兼备、全面发展的人才；遵循教育教学规律。遵循思想政治工作规律，遵循教书育人规律，遵循学生成长规律，因事而化、因时而进、因势而新，沿用好办法、改进老办法、探索新办法，不断提高工作能力和水平；发挥好主渠道作用。用好课堂教学主渠道，思想政治理论课要坚持在改进中加强，提升思想政治教育亲和力和针对性，满足学生成长发展需求。

3. 内容与方向的契合性

"课程思政"和思政课程的内容和方向在本质上是一致的。二者都要坚持社会主义办学方向，培养为中国特色社会主义奋斗终生的有用人才。为此，必须强调使各类课程与思想政治理论课同向同行。只有这样，才能把握住同向同行的本质要求，更好地发挥思想政治理论课的马克思主义领航作用，也真正把"课程思政"落到实处。

（二）二者区别

1. 思政内容不同

"课程思政"的"思政"主要侧重于思想价值引领方面，强调在各类各门课程（包括思想政治理论课、专业课和通识课）中增强政治意识和加强思想价值引领。

思政课程的"思政"侧重于思想政治理论方面，主要进行系统的思想政治理论教育。承担着对大学生进行系统的马克思主义理论教育的任务，是对大学生进行思想政治教育的主渠道。

在贯彻"课程思政"的课程观的改革实践中应避免专业课"思政化"和思想政治理论课"通识化"的倾向。

专业课"思政化"是指，虽然在专业课中强化了思想政治教育意识和功能，但是却忽视了专业课的教学特点和教育规律，结果把专业课上成了一门类似思想政治理论课的课程。

思想政治理论课"通识化"，是指在思想政治理论课改革中片面扩大通识性内容，而对思想政治理论课的中心内容讲解不到位，甚至淡化教学内容的意识形态性，结果把思想政治理论课上成了通识课。

只有积极顺应"课程思政"与思政课程的内容方针，才能准确实行思政育人的任务。

2. 教学特点不同

（1）思想政治理论课是大学生思想政治教育的主渠道，是大学生的必修课，是对大学生系统进行思想政治理论教育的课程，具有鲜明的意识形态，是思想政治教育的显性课程。思想政治理论课属于德育课程，主要支撑学科是马克思主义理论学科，所以在对大学生进行马克思主义理论和思想政治理论教育方面具有较强的优势。

（2）"课程思政"的教学特点具有创新性和引领性，"课程思政"视域下的大部分课程属于专业课和通识课，既有必修课，也有选修课。除了思政课程以外，多数课程的授课对象是部分学生，学科支撑多数是马克思主义理论学科以外的其他学科。与思政课程相比，专业课和通识课的思想政治教育元素是隐性的，是通过其所蕴含的思想道德追求、科学精神、爱国情怀、优秀传统文化、人格培养等内容，对大学生发挥思想价值引领作用，并在贴近学生专业、提供鲜活案例、促进思想政治教育渗透性等方面具有独特优势。以下是"课程思政"主要特征。

一是预设性与生成性统一。"课程思政"在思政教育目标的确立上，是预设性与生成性的统一。所谓预设性，是指在开发一门课程时，根据思政教育要求及课程特点，确定该门"课程思政"教育目标，目标的确立，既为"课程思政"教育内容选择提供了依据，也为课程教学与评价提供了指南。所谓生成性，是指任何一门课程的思政教育目标都不可能在开发时全面、具体地确定下来，因为课程教学实际过程中的环境、教师、对象、条件等都是变化的，每位教师应根据教学过程、具体情况将思政教育目标灵活、艺术地融入教学过程，即"课程思政"的目标和具体内容需要在实际教学过程中生成。这反映了事物的运动变化特性和教育情境的多样性。"课程思政"预设性与生成性的统一带给我们的启示：①要求教师重视课程开发时思政目标的确立，并将此落实到课程开发与实施的全过程，同时不能将思政目标僵化、固化；②要求教师在课程教学过程中重视新的思政目标的生成与实现；③对教师的思政教育素养提出了挑战。

二是独立性与依赖性统一。"课程思政"的存在形式，是独立性与依赖性的统一。独立性是从"课程思政"目标设立而言，每门课程都可以明确自身思政教育目标。但从"课程思政"教育内容来看，则不具有独立性，而是依存于每门课程本身的教学内容与教学过程中，从这个意义上来说，"课程思政"具有依赖性。独立性与依赖性相统一于每门课程的开发与实施的全过程，可以用一个比喻进行说明，"课程思政"目标像盐，各门课教学体内容像水，将盐溶入水的过程就是"课程思政"教育的过程，这时已经看不到盐的存在，但具体课程内容这个水中已经有了思政的盐味。

三是时代性与历史性统一。"课程思政"在内容选择上，是时代性与历史性的统一。思政教育的时代性比较容易理解，因为思政教育在主要内容上体现了社会总体发展的历史进程，它不可能脱离社会而独立存在。所谓历史性，是指思政教育内容包括历史创造的并经受历史检验的优秀的人类价值观成果，这些成果来自中华优秀传统文化的丰厚滋养,来自正确价值观的弘扬与践行,还来自对人类优秀文明成果的吸收与借鉴。社会主义核心价值观传承了中华优秀文化,是当代中国精神的集中体现,凝结着全体人民共同的价值追求。因此,在课程教学中,我们要主动将社会主义核心价值观融入教学的全过程,转化为学生的情感认同和行为习惯,实现"课程思政"的时代性与历史性的统一。

总而言之,不管是思政课程,还是"课程思政",都是为了思政教育的发展,都有着共同的任务与目标。二者相融通,实现从思政课程向"课程思政"创造性转化,才是构建高职院校思想政治教育的全方位的大框架,才是德育教育的最佳选择。

第二节　工匠精神培养与高职院校思政教育的有效融合

工匠精神是专业素质和创新能力的综合体现,在高职院校构建有利于具有工匠精神的高技能人才发展的教育体系就显得十分必要。提炼工匠精神中的思政要素,培育工匠精神是许多高职院校思政教育工作者面临的新课题,构建一个相对独立又与原有思政教学体系相结合的学生培养体系是实现培育工匠精神目标的关键,是培养优秀人才的必要教学内容。

一、工匠精神的科学内涵

工匠精神的内涵随着时代的变迁而逐步演变。"匠"起初专指木工。后来"匠"字的本义,已从木工演变为技术精湛、造诣高深的代名词,随着时代的发展,"工匠"一词被赋予了新的意义。新时代所倡导的工匠精神,已不仅仅是传统手工业工匠的职业道德追求,而是全社会所有劳动者的职业价值观念和职业追求。

工匠精神的基础是敬业。所谓敬业精神,就是在职业活动领域,树立主人翁意识、责任感和事业心,追求崇高的职业理想,培养认真负责、恪尽职守的工作态度。爱岗敬业是从事职业活动的基本要求，体现的是从业人员对于所在工作岗位的一种态度，同时也是社会对从业者提出的职业道德要求。让工匠精神成为全体劳动者潜移默化中自觉奉行的职业信念及从事工作的基本规范，需要从业者产生心理认同和情感认同，而它的基础正是敬业精神。

工匠精神的核心是精业。所谓精业，就是精通自己所从事的职业，技艺精湛。精业是成就事业、完美人生的必选。所谓精业，就是成为精通业务的能手。在敬业的同时，更要做到精业；做不到精业，纵然有再高的工作热情，要想干好工作也是不可能的，敬业最终也就只能成为一句空话。如果说敬业是工匠精神的根基，是干好工作的基础，那么精业就是工匠精神的核心，两者相辅相成，缺一不可；如果说敬业是德，那么，精业就是才，"德才"兼备才是工匠精神应该具有的素质。

工匠精神的关键是创新。创新是人类特有的认识能力和实践能力，是人类主观能动性的高级表现形式，是推动民族进步和社会发展的不竭动力。从创新创业的角度来看，要发扬传统工匠精神，必须要有坚持注重细节的严谨态度。

二、培育与弘扬工匠精神的意义

（一）培育与弘扬工匠精神是践行发展新理念的内在要求

理念是行动的先导。"五大发展"理念集中体现了今后五年乃至更长时期我国的发展思路、方向和着力点。在这个过程中，必须充分发挥追求完美、专注坚持、精益求精的工匠精神的引领作用，不断提升职业人更卓越的职业素养，才能更好地推动发展方式的转变，提高发展质量和效益，践行新理念，为实现中华民族伟大复兴的中国梦贡献智慧和力量。

（二）培育与弘扬工匠精神

工匠精神的内涵是精益求精、严谨细致、耐心专注的精神理念。工匠精神本身就意味着要提升更高的技术含量，在技术日新月异的时代尤其如此。更多时候，工匠精神表现为一种气质和追求，要求劳动者对工作一丝不苟，对产品质量精心打磨，对待品牌要像对待生命一样认真用心。

三、培育与弘扬工匠精神是高职院校思政教育的重要任务

无论是从工匠精神的内涵和作用来看，还是从高职院校思政教育的根本目的和职责使命来看，培育与弘扬工匠精神都是当前高职院校思政教育的重要任务。

（一）立德树人是思政教育的使命

首先，工匠精神所涵盖的内容与立德树人的具体要求具有高度的一致性。工匠精神是职业教育立德树人的特征和灵魂，职业院校不仅要培养大批具有一技之长的劳动者，也要培养学生树立牢固的精益求精、敬业守信的职业观念。在提升学生职业技能的同时，着力强化以工匠精神为核心的职业素养的培育，将工匠精神的培育贯穿于教育教学的全过程，培养学生具备未来大国工匠的基本素质。其次，工匠精神所具有的价值与立德树人具有高度的契合性。思政教育作为意识形态传播的主渠道和主阵地，需要把提高职业技能和培养职业精神高度融合，把重视道德要求和品质规范，强调敬业爱岗、遵守纪律，重视楷模的树立和榜样示范作用等思想内涵融入思政课教学中，在思政课上以工匠精神的培育为重点，引导学生将职业理想的树立与工匠敬业奉献的职业追求相结合。

（二）保障高职院校适应市场转型发展的需要是思政教育的目标

高职院校培养的是适应生产、建设、管理、服务第一线需要的高素质高技能型人才。这就需要高职院校大力弘扬工匠精神，不断提升学生的职业素养，为社会源源不断地提供适应发展需要的合格优质人才，保障高职院校的发展与市场转型升级同步甚至超前。

（三）助推高职学生成功就业和满足其个人发展的需要是思政教育的职责

人类社会的发展历程告诉我们，"工欲善其事，必先利其器"，但仅有"利器"未必能"善事"，想要"善事"关键在于使用"利器"的人。现在高职学生要想成功就业，并在自己未来职业生涯发展中有所成就，就需要在工匠

精神的引领下，不断提升个人的职业素养，加强个人在思想道德品质、职业素质、学业与就业能力、职业基础能力和健康安全方面的学习，用专心致志和敬业去要求自我，在专心致志和爱岗敬业中改善自我，最终向着精益求精，追求卓越的目标去提升自我，让自己成为善用"利器"的人。

四、工匠精神融入高职院校思想政治教育中的路径

（一）把工匠精神作为思想政治工作者的自身需求

高职院校思政工作者要善于郢匠挥斤，改进思想政治教育的技术路线。突出工匠精神培育，不应该是单纯地把学生培养成"政治学的教科书"，而是改进思政教育的技术路线，把鲜明的育人导向融入教育教学全过程，引导学生形成崇尚劳动、敬业守信、创新务实的职业精神；要聚焦创新人才培养，不断提升服务经济社会的能力，培养学生的科学精神、创新意识、诚信意识。

（二）将工匠精神纳入高职人才培养的全过程

职业精神的培养可以贯穿整个高职学生的素质培养体系，与思政课程和专业课程教学紧密结合，特别是与思政课程和实训教学相结合，将工匠精神中的专业、敬业、爱业、精业等精神贯穿于职业教育之中，提升学生的职业素养，为高职学生成功树立良好的职业精神并转化为合格的从业者做好必要准备。有工匠精神融入的思政课程要贯穿学生学习的始终。要提高高职学生的专业素质及其他素质，就要培育高职学生的职业能力和工匠精神，让他们形成良好的心态。同时，开展思维能力、表达能力、解决专业问题所需的实践能力的相关培训。抓住高职学生假期社会实践活动的契机，开设社会实践教育课程，讲授社会实践的意义和价值、社会实践方案设计、社会实践活动中需要掌握的调研方法以及社会实践成果的写作技巧。最终，在高职学生临近毕业时以工匠未来工作所需的表达能力为重点，开设表达能力课程，讲授写作基本技能、工匠参加工作后涉及的各类文体的写作规范与技巧，同时介绍提升高职学生口才能力的方法和具体训练手段。

（三）将工匠精神作为实践教育的重要组成部分

职业精神往往要通过实践才能内化为从业者的职业素质。当工匠精神与具体的职业场景相关联时，高职学生能更真切地体会到这一精神的实质与价值，并将其作为自己的职业信仰与追求。在职业精神的教育实践中，往往可以通过建立校内模拟场景的方式，激发并训练形成相关职业情感。在培养学生工匠精神时，必须将其放到现实情景中进行锻造，要提高对思政课实践教学的认识，树立实践育人的德育观念。思政课实践教学，是理论和实际相结合的有效形式。高职学生通过对思政课实践教学的认识，使理论和实践有机结合，更能充分理解工匠精神所蕴含的敬业、精业和创新精神。这对上好思政课，提高思政课的教学质量，真正做到将工匠精神融入思政课程大有益处。

（四）营造良好的高职生思想政治教育的校园文化氛围

校园文化和思想政治教育同属高职教育的范畴，共同承担着培养学生的重要责任，高职思想政治教育教学和校园文化在目标、功能、方式、方法等方面都存在耦合。高职院校应该以校园文化活动为引领，充分利用这一隐性教育资源，传播、弘扬工匠精神。可通过相关的演讲、比赛、展览等校园文化活动，为学生营造学习工匠精神的浓厚氛围。这样既能丰富学生的课余文化生活，又能拓展他们的知识面，磨炼其实践能力，还能对其工匠精神的形成起到积极的助推作用。校园文化活动可凭借其丰富的形式，寓教于各类活动中，以一种特殊的教育方式，使工匠精神得到进一步传播与弘扬。

第三节 从教育学视角谈课程思政对大学生主体性发展的促进作用

"现代教育学理论认为，教育作为促进个人发展的社会活动，不仅要以培养人的全面发展为教育目的，更要在教育教学过程中针对学生个性特点，进行主体性培养，发挥学生潜能。"我国高职院校教育肩负着培养社会主义事业建设者和接班人的重大任务。因此，在大学各课程中要体现出对学生的价值引领，要培养和发展学生主体性，实现个体的全面发展。

一、教育学视角下学生的主体性

（一）主体含义

主体是现代认识论的一个基本范畴。主体体现的是人对世界的一种价值关系和人的活动状态，如若人没有处于积极主动地位时，他便不是主体。因此，本文的主体定义为有意识、有目的，并在一定社会关系中从事实践活动、认识活动的现实人，是能通过自身的自觉能动活动，发挥能动积极作用并取得支配地位的人。

（二）学生主体性

"主体性指主体在对象性活动中，运用自身本质力量，能动地作用于客体的特性，是人的自觉能动性"，因而高职学生主体性指高职学生在教育活动中，通过高校教育教化和自觉能动活动，体现出的自主性、主动性（能动性）、创造性等。自主性表现为具备独立意识，合理规划、执行、审视自己的教育活动，是学生对活动具有支配和控制的权利和能力；主动性（能动性）表现在为实现自身需要，主动适应、选择和改变教育活动；创造性指在教育活动中，学生能结合所学知识，对于所学知识有个性化理解，并达到举一反三的能力。当然，学生的主体性并不是与生俱来的，而是一个逐渐生成和发展的过程。在这个发展过程中，主体性不仅受各种自然规律的制约，更受教育过程和各种教育规律的制约，这成为大学教育能促进主体性发展的依据。

（三）"主体性"教育思想

自古以来，教育学探讨对象主要分两类：一是以教师为中心（注重教师和教材）；二是以学生发展为中心（强调学生的主体性与主动性）。主体性教育理论基本观点为：人是教育的出发点，培养人的主体性是教育追求的目标；强

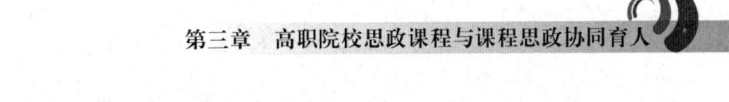

调学生主体性的培养，确立学生在教育中的主体地位，关注学生未来发展，重视学生身心发展需要，承认学生个性发展的重要性等。

综上所述，以学生为中心，培养学生主体性是教育的目的，是教育的风向标，高职院校教育应该以人本主义为切入点切实关注学生发展。

二、课程思政是促进高职学生主体性发展的必要性

促进主体性培养和发展是教育的目的，但是主体性的发展并不是一蹴而就的，而是一个教化过程。教育的各阶段，承担着不同的教化角色。中小学阶段是学生主体性的萌生期，侧重教化和引导学生；大学是学生主体性发展的重要期，注重教化和引导学生自我教化、成长和发展；在成人阶段，个人主体性发展越趋成熟，越能进行自我教育和自我指导。由此可见，新形势下的课程思政要抓好主体性发展的重要期，将推动大学生主体性发展作为课程目标，把促进大学生全面发展作为课程的本质要求，作为推动个人发展、提高教育质量、适应社会主义市场经济发展的必然推手。

（一）实现课程思政目标

高等教育以人才培养为核心，以以人为本为宗旨，以立德树人为根本，其重心是要实现学生德智体美劳全面发展。高职院校课程思政的目标是实现人的全面发展，充分发挥高职学生的积极性、主动性、创造性，推动社会各方面要素和谐发展。在课程思政观统筹下，从人出发，强调学生主体性，培养具有"认识人类社会发展规律的能力，能对现实社会实际发展方向独立做出正确判断的全面发展人才。

（二）迎接新时代需要

随着我国社会主义市场经济的建立和完善，知识、经济、文化领域的多元化，人们的物质和精神生活都发生了巨大改变。在深入社会进程中，需要一批批能引领时代潮流，具备高知识、前能力、强素质，有独立性、自主性、创造性的人才。同时，在互联网蓬勃发展的时代，"地球村"正在形成，多元文化思潮交汇并激烈碰撞。高职学生是网络使用的主力军，不免受到网络上各种思

潮的影响。这需要教育在课堂上除了教授专业知识之外，也要肩负起引领学生思想和价值观的工作。并且，新媒体时代下，信息获取和网络交流更依赖大学生的自主性、能动性和创造性。这对高职院校人才而言既是机会也是挑战。一方面，这要求教育提升学生的平等意识、主体意识、创新意识，促进学生全方面培养和发展；另一方面，如何改变传统教育模式，培养符合时代所需人才也是需要思考的问题。因此，充分重视大学生的主体性作用，培养全面发展的人才，成为当代高职院校待解决的教育问题。这需要在课程思政指导下，开展培养学生主体性的教学活动，帮助人们树立正确的价值观和做出正确的行为，激发学生的自主性、能动性和创造性，使他们学会学习、学会发展、学会创造，迎接新时代的挑战。

（三）满足高职学生需求

在人才聚集、知识信息爆炸的时代，高职学生是时代的弄潮儿。他们正处在人生观、世界观、价值观的形成阶段，表现在对外界拥有好奇心和求知欲，对新生事物存在敏锐的感知力，对内希望自身取得进步，成长成才。同时，高职学生的需要多种多样，既有物质需要、精神需要，也有主导性需要、辅助性需要，其中不断成长自我、发展自我成为高职学生的主导性需要。但从高职学生的心理发展特点来看，虽然"成人感"已出现，价值观念渐趋稳定，道德水平不断提高，但独立意识仍未成熟。因此，课程思政的基点是要培养学生的主体性，培养学生的独立思维能力，使高职学生获得全面发展。

（四）改变现行课程

在现行高等教育中，大部分课程的教育方法为依赖教师、形式单一、强制性的外部灌输方法，学生则始终处于静听状态，处于一种被动接受地位，高校教学的机械灌输与学生的被动接受现象仍相当严重，不利于塑造独立人格，更不利于培养学生的自主性、能动性和创造性。因此教育一旦失却了涵养人性、关切人生的追求，学生便沦为了被知识操控的"机器人"或"工具人"。毋庸置疑，传统教育在规范个体行为、提升个体素质上起到积极作用，但是却忽视了学生的主体意识，没有尊重学生的自主、自立、自觉的主体精神。因此必须树立新型教育观，以课程思政为切入点，实现全员、全过程、全方位育人，充分调动学生的积极性和能动性，培养学生的主体意识和主体能力，形成主体性道德人格。

三、课程思政是促进高职学生主体性发展的有效机制

针对我国学校教育忽视主体性人格培养的状况和高职学生主体性人格形成的特点，新时代下的课程思政应该从以下几方面推动高职学生的主体性发展，提升育人合力。

（一）主体性发展的课程目标

教育主要有两大方向目的：社会本位论和个人本位论。从社会本位论教育目的来看，培养学生是为了个人更好地社会化，满足社会需求，服务社会。正如先前指出，在当今市场经济形势下，社会需要主动性强、创新能力强的人才，课程思政要通过挖掘全部课程价值内涵，充分发挥主体的主观能动性、积极创造性和自主选择性，推动其个人的主体性发展，为社会、国家培养所需人才。从个人本位论教育来看，个人的全面发展是教育的终极目标。由此可见，高职院校课程思政目标不仅要强调社会发展的整体需要，还要强调个人的发展诉求。当代大学生是完整的、独立的，具有自主意识，处于一直发展中的个体。课程思政的教育者和实施者要牢记"立德树人是高校立身之本"，将培养学生的德育素养视为教育的灵魂和首要任务，学习和掌握德育知识，要使"德"统帅"才"；要意识到学生有追求人生价值、自我实现的内在需要，发展学生的能动性、自主性和创造性，使其成为有较强生存能力、适应能力和发展能力的个人；同时也要意识到学生主体性发展并不是开展外在的、强加和压迫式教育，而是引导学生积极主动学习各类知识，并带领学生积极主动将外在知识内化为自己知识，不断提高和强化学生思想上和政治上素养的水平。

总而言之，在制定各课程思政目标时，在思想观念上要牢记社会本位论和个人本位论理念，培养和发展满足社会需求和个人诉求的学生。在课程中从学生实际出发，树立把高职学生主体地位还给高职学生的意识，培养学生主体性，为实现学生主动发展的课程目标服务。因此，课程思政目标体现的理念

是：调动和激发学生的道德需要与动机，强化他们的主体意识，让他们自觉、主动地追求高尚的道德行为，发挥主观能动性，最终使学生获得终生学习的知识、技能和方法，形成正确的人生观、世界观和价值观，促进人格完善与自由和谐发展。

（二）以人为本的主体性课程

1. 价值教育引导是课程思政培养主体性人格的核心内容

培养什么样的人，为谁培养，是高职院校的根本出发点和落脚点。因此，课程思政要培养学生的主体性人格，促进学生全面而自由的发展；要对学生进行理想信念教育，要引导统一个人理想与共同理想；要传扬民族精神、时代精神和荣辱观，构成一个全面传导价值观念的教育过程。

2. 加强高职学生心理素质培养是课程思政培养主体性人格的组成部分

心理素质是人对环境及相互关系的适应能力、自控能力以及为人处事的态度和素养。在市场经济大潮中，面对激烈的竞争与利益关系，面对人得失引起的诸多困惑、压力、苦恼、焦虑，不少大学生存在如自卑、自傲、胆怯、任性等心理障碍。矫治心理上的疾病，虽然不是由课程思政完全承担，但也是课程思政不可推脱的任务，因为课程思政的目标是实现人的全面发展。因此，在课程实施过程中，教师要学会观察学生的心理状态，识别心理问题学生。在必要的时刻，引导学生进行心理咨询外，应发挥课程思政完善高职学生主体性人格的基本功能，对大学生引导教育、关心爱护，在课堂中多鼓励学生树立自信心、自尊心，多鼓励学生自我教育、自我管理，培养学生的自主性和能动性。

3. 培养学生的主体性意识是课程思政培养主体性人格的重要方面

主体意识是指"作为认识和实践活动主体的人对于自身的主体地位、主体能力和主体价值的一种自觉意识，是主体的自主性、能动性和创造性的观念表现"。高职学生正处于主体发展的重要时期，主体意识的强弱决定着学生的自知、自控和自主水平，决定学生的身心发展水平。在课程思政中，树立学生主体性地位的观念，培养学生的主体性意识，主要培养学生自我意识能力、自我实践能力、自我反省能力、自我监督能力、自我判断能力等。在这其中，较为重要的是学生自我实践能力的培养，主要通过在课程思政中引入活动课程，通过参与活动，在实践中、在行动中实现个人认知、情感和行为上的发展。

4. 融入各类课程的人文情怀是课程思政培养主体性人格的表现方式应立足"立德树人"这个目标，充分挖掘各门课程中的思政资源。高职院校的各类课程，不仅蕴含着科学精神，也涵养着人文精神；而挖掘和学习高职院校课程中的人文精神也是高职院校内涵建设的重要推手。在课程思政的实施过程中，精心梳理教材内容，提炼出各专业、各教材和各章节所涉及的思维、技术、人性、社会等多方面的独特育人价值。传授课程的各方面内涵，既让学生明白专业课程的价值取向，也能去思考自己的人生观、世界观、价值观。

（三）双主体型、平等友爱的师生关系

课程思政应重视形成良好的师生关系，推动教育的成功。良好的师生关系中，首先要确定的关系是谁是教育的主体。这也是教育界近几年一直在争辩的论点具有以下观点：一是教育者主体说，即教育主体为"从事思想政治教育的人和机构组成的系统"，即教师是实行课程思政的主体，学生是客体；二是受教育者主体说，该观点认为学生是教育的主体一切教育应以发展学生而进行；三是双主体说，承认教师和学生都是有意识、有目的，并在一定社会关系中从事实践活动、认识活动的现实人。教师和学生互为主体性，在施教过程中，教师是主体，学生是客体；而在受教过程中，学生是主体，教师是客体。双主体说的观点以顾明远先生首倡"学生主客体论"为例，认为在教育教学过程中，学生既是教育的主体，也是教育的客体，并且强调应该进一步尊重和培养学生的主体性，他认为在教育过程中，学生主体会自我教育，具有主动教育功能和自觉能动性。并且，学生的主体性并不因为学生在施教过程中处于客体地位而被毁灭。因此，课程思政"不仅重视教育客体的积极性、能动性、创造性在思想政治教育活动中的发挥，而且把教育客体、主体性的培育和发展作为重要主体"；重视学生的主体地位，提倡双主体学说的师生关系。

课程思政不仅要重视学生的主体地位，吸引学生的主体参与，给予学生个体更大的发展空间，而且要提倡平等交往和对话。随着时代的发展，传统的教师角色也在不断受到批判。教师不再是毫无争议的社会代言人，不再是无可替代的知识传递者，亦不再是至高无上的知识权威，而是学生"平等中的首席"。教师们

要转变自身的角色观念，成为学生的良师益友，与学生"打成一片"。组织者要从台前走向幕后，为学生创设民主、宽松、和谐的教育环境。而所谓师生平等，不仅仅是地位平等，更是人格平等。这要求课程思政观下的每位教师以平等心态尊重学生的主体性人格，促进每个学生的身心发展课程思政观下要改变传统的师道尊严的想法，改变学生不敢说、不敢多说的现象，在课堂上营造和谐的学习氛围，让学生体验到不受压抑的愉悦感。建立平等交往的师生关系，将有利于激发学生学习的积极主动性，也有利于学生主体性品质的生成。

（四）主体性教学模式

教育模式指在一定教学思想或教学理论指导下建立起来的较为稳定的教学活动框架和活动程序。以严管、严控、严压为主的教学模式，完全忽视学生的主观能动性，使学生始终处于被动接受地位，令学生产生逆反情绪，拒绝教育，特别是思政类教育。同时，在全球化背景下，学生主体意识的觉醒，让他们不再轻易相信和遵循什么，而是相信自己的判断和选择，这给大学教育带来新挑战。因此，新形势下的课程思政需采取人本主义教学模式或建构主义教学模式。前者强调个体在教学中的主观能动性，坚持个别化教学；后者强调个体以自己方式通过别人的帮助，建构对事物的理解。

在上述两类教学模式的指导下，课程思政须做到以下几点。一是建立主体性课程思政教育。二是建立互动型课堂，即强调学生的主体参与，重视师生之间的交往互动。在课堂上，教师要善于激发学生的学习兴趣和积极性，与学生共同探讨、共同协商、相互学习。三是重视课程知识的建构。课程思政过程应采取情景法、探究发现法、问题式学习、小组研究、合作学习启发式、讨论式、参与式教学，创新性研讨、实践学习成果汇报等转变，激发大家的积极主动性，实现多元化师生互动。四是运用网络平台。现今世界，手机成为课程的必需品，要利用网络来吸引学生，让学生主动学习。五是解答疑难困惑。学生主体性的发挥，还体现在学生的质疑问难，在教学过程中，主动对问题进行深层次多角度思考，发展学生主体性意识。通过主体性教学模式，课程思政将充分发挥大学生的主体性，让他们变成能动、自主、自觉、自控的社会主体，建立主体性的思想政治教育和道德教育。

（五）发展性教学评价体系

发展性评价体系指评价不再仅仅是甄别和选拔学生，而是促进学生的发展，促进学生潜能、个性、创造性的发挥，核心是重视过程、关注个体差异，强调评价主体多元化。因此，新形势下的课程思政需要改变过去单一、重视教学结果的评价体系，调整和完善课程评价体系，形成发展性评价体系。其重点要做到以下几方面。

1. 评价形式的改变

过去的课程评价只注重结果，却忽视发展功能的发展性评价，这不能准确反映学生的实际情况，也忽略了学生是处于发展过程中的现状。课程思政和教育改革的出发点是"以学生的发展为本"，应开展全面的评价。因此，新课程思政观下的评价体系以过程为导向，重视学生在课程思政过程中取得的改变。这有利于激发学生的主动性，引导学生在高等教育课程中注重个体的过程发展。

2. 评价内容的改变

过去的评价只注重专业知识结果。而课程思政的核心是立德树人，评价的内容倾向于课程的职业道德、人文素养、社会责任，学生对学科的情感、态度、价值观，对学科的认知度，未来职业选择。通过多维度评价，调动学生的积极性，推动学生全面发展。

3. 评价主体的改变

课程思政要实现评价主体从单一向多元的转变。过去单一的评价主体带有主观性和随意性，这不能成为准确的评价结果。

因此，课程思政下的评价要依靠任课教师、学生本人、班级评定小组共同合作。其中自我评价是发挥和发展主体性的重要推手。通过自我评价，唤醒学生的参与意识，认识自身不足，主动寻求进步，实现个人主体性发展。

课程思政要想促进学生主体性发展，还需做很多努力。例如，学校层面上，思想高度重视，实现课程思政从专人育人到全员育人的改变，倡导高校教师积极投身到立德树人的根本任务中。教师层面上，一方面加强教师的思政素养、人文素养；另一方面坚持"以人为本"教学理念，牢记课程思政目标，积极推行课程思政提升学生德育发展。但是，最重要的是，课程思政需要始终把大学生主体性发展作为课程思政的目标，尊重学生的主体性，促进人才的全面发展，为我国社会主义建设培养全面发展的人才。

第四节 高职院校课程思政与思政课程协同育人机制研究

课程思政建设已是当下高职院校实施教育优化的主流，思政课程与课程思政通过协同育人使思政课程与各类课程共同实现知识传授和价值引领统一，真正实现思政课程与课程思政相贯通的目的，发挥好每节课程的育人作用，为实现立德树人根本任务提供有力支持。具体从以下几方面阐述。

一、课程思政与思政课程存在的内在关联

（一）任务目标

高职院校是培养适应社会市场经济发展需求的应用型、复合型、实践型人才的主要阵地，其思政教育质量与成效，关系着青年学生正确职业观、价值观的形成。因此，高职思政课的基本功能不应仅仅局限在学生思想教育、道德教育及文化教育等层面上，应在思政教育的基础上，挖掘其他课程的思政元素、思政功能，使思政教育与职业教育充分地融合起来，全面提升学生的道德修养与政治素养，使学生能够在贯穿正确思想的过程中，形成适应经济社会发展的道德品质、政治修养及思想理念。课程思政的基本目标是在高职院校各类专业课程中渗透并融入思政教育内容，满足思政教育要求，并实现加强、改进思政教育的目标。因此，在人才培养的层面上思政教育与课程思政的任务目标拥有高度的相同性与融通性，都属于高职院校思政教育工作的范畴。其基本任务都是"立德树人"，都是为社会经济发展及社会主义培养建设者与接班人。

（二）方向功能

在教育本质上，思政课程与课程思政拥有统一的功能和方向，以彰显育人作用为基本功能。此外，两者还呈现出较为鲜明的指向性特征。高职院校思政教育的指向表现在课程思政的"行"与"向"上，其中"向"主要指"政治方向"，"行"则指"思政教育"。思政教育工作中的"同向同行"，具体指思政教育与专业课程在政治方向上的一致性，通过发挥共同的教育作用和教育职能，实现共同对学生开展思政教育工作的目的。因此，思政教育指向与课程思政的"行"与"向"，拥有相同的内涵与意蕴。在宏观层面上，课程思政与思政教育的一致性问题，通常指高职院校专业课程对传统思政问题的内省与反思，导致思政教育功能及作用难以在各类课程中得到充分发挥。因此，在构建协同育人机制的过程中，需要从其方向和功能的角度出发，加强思政课程与各类专业课程的内在联系，突出课程思政的功能优势和方向优势。

二、课程思政与思政课程协同育人机制的构建意义

高职院校课程思政与思政课程协同育人机制的构建，有利于高职院校体现思政课程的育人价值，完善思政课程的表现形式，促进思政教学体系的构建与改进，对推动高职院校思政教育工作的现代化发展，具有鲜明的意义和价值。然而在某种层面上，协同育人机制的构建，还能使思政教育与职业教育产生联系，形成基于职业教育目标的思政教育体系，帮助学生更好地适应社会主义市场经济的发展要求。

（一）体现思想政治课程的育人价值

高职思政课程在学生培养与教育的过程中，注重对学生价值取向的引领和指导，关注学生的健康成长与全面发展。而课程思政则注重整合知识底蕴，通过价值引领与知识传授的相互融合，将思政教育中的价值引领融入职业教育的知识传授、人才培养中，以此实现共振同频的育人效果。通常来讲，课程思政能够转变传统思政课程的教学形式、教学方式，使思政教育内容以学生能够接受的方式，呈现在学生面前。应深化学生对思想政治课程的理解与认知，并从

德育与智育的角度，增强思政课程的说服力、感染力，解决专业课程重智育、轻德育的问题，使思政教育通过"育人价值""育人功能"的体现，提升学生的专业素养与人文修养，推动学生的全面发展和健康成长。此外，协同育人机制在渗透思政教育内容、体现思政教育价值的前提下，还能通过思政教育理念，丰富各类专业课程的育人内涵，使思政教育的价值得到更鲜明、更有效、更全面及更完整地呈现。

（二）完善思想政治课程的表现形式

课程思政与思政课程相互融合的协同育人机制，能够使高职传统的思政课程打破自身的局限性，革新思政教师的育人理念和育人思想，突出学生在思政课堂中的主体地位。并在结合课程教学、社会实践与网络运用的过程中，完善教学形式。简而言之，在课程思政的影响下，高职院校应针对思政课程的目标及内涵，丰富教学手段、创新教学方法，完善教学体系，更新教学内容，切实破解思政教育存在的形式化与表面化的问题，突出"人本理念"在现代教育事业发展中的优势。两者相互融合的协同育人机制，还能够确保学生在课程思政建设中，借助经验获取与知识学习的方式，形成情感体验，更积极地将思政理论知识与社会实践内容融合起来，内化专业技能与理论知识，塑造完整的思想政治精神及独立人格。特别是在信息技术的帮助下，思政课程的表现形式更加多样化、多元化、立体化，可以在加强师生情感联系的基础上，形成线上线下相互融合的教学模式，使教师借助新媒体平台和渠道，推行微课、慕课、翻转课堂等全新的教学形式，让专业教学内容和目标成为思政理论得以呈现的新载体。

（三）构建科学合理的思政教学体系

课程思政与思政课程协同育人机制的构建，能够使高职院校思政课程教学体系更加完善、更加科学、更加合理。通常来讲，课程思政注重显性教育与隐性教育的融合，能够将职业教育所涉及的所有课程进行显性与隐性划分，使其成为思政教育工作的基本载体，提升思政教育工作开展的通畅性。通过协同育人机制将专业课、素养课及思政课融合起来，形成三位一体的教学体系与课程体系，可以促进专业教师、思政教师及校外专家的协同合作，形成育人合力，为高职院校思政教育工作的体系构建与完善奠定了坚实的基础。而通过专业课、思政课、素养课的融合，渗透隐性价值与显性价值，可以充分发挥思政教育的功能，实现全员、全方位、全过程思政教育的目标。除此之外，还能将高职院校各类专业教育内容渗透到思政教育中，使思政教育结合职业教育的要求和目标，形成针对性较强的思政教育体系，提升学生思想指引、价值引领的有效性。

三、高职院校课程思政与思政课程协同育人机制的构建策略

高职院校课程思政与思政课程协同育人机制的构建有利于思政教育价值彰显、形式完善及体系构建，能够切实将高职院校的职业教育与思政教育融合起来，形成全新的育人体系。然而要想实现协同育人机制的构建目标，高职院校需要从思政教学体系、沟通机制及方法革新等角度出发，增强协同育人机制的有效性与实效性目。

（一）构建思政课程教学体系

高职院校为构建科学合理的课程思政与思政课程协同育人机制，就需要全面构建思政课程教学体系，形成以课程资源为抓手的育人机制。首先，高职院校需要明确"协同育人"机制的构建并非"阶段性任务"，而是我国高职院校切实实现思政教育新常态的基本要求，需要高职院校在提高专业教师与思政教师自觉性的前提下，全面促进思政课程与各类专业课程的融合，注重思政教师与专业教师、通识课教师的内在联系，使全体教师都能在课程思政上达成共识，积极实现显性教育与隐性教育的"协同"，职业教育与思政教育的"结合"，校外实践与校内教学的"融合"。并通过提升学生的政治认同感、责任感及集体荣誉感的方式，丰富思政教育内涵。而在思政教育的微观层面上，高职院校需要从思政教育的本质、内涵、目标及方法的角度出发，借助课程思政理念、机制及形式，革新思政教育的表现形式、方向及内容，使思政教育在融入各类课程知识、社会发展趋势及学生思想现状的基础上，提升思政课程的吸引力。同时，使思政课程真正成为破解学生职业思想问题、道德问题及价值观

问题的抓手，提升高职思政教育的针对性与实用性。此外，在思政课程体系构建的过程中，还需要构建科学合理的评价机制和考核机制，综合评价不同维度、领域及范畴的教师对思政教育目标的、达成情况，确保思政教育价值得到充分彰显。

（二）构建教学交流及沟通机制

高职思政教学体系的构建是协同育人机制构建的战略基础与基本前提；是确保思政教师与专业教师、通识教师相互沟通、相互交流、相互联系的根本；是确保思政教育内容渗透到各类专业课程、通识课程、公共课程的关键。然而要想提高协同育人机制的工作实效，还需构建科学合理的教学交流与沟通机制，使思政教师与各专业课教师，能够通过教学交流的方式，形成育人合力。首先，借助现代信息技术，将专业教师在课程思政建设中呈现的问题，反馈给思政教师。而思政教师则需要借助大数据技术、云计算技术，对专业教师反馈的问题、现象进行归纳和总结。通过理论指导与实践指引，提升思政教育内容在专业课程中的渗透质量和效率。其次，完善集体备课机制。在课程思政建设背景下，高职院校应将各类课程教师与思政教师集中起来，通过集体备课的方式，深化思政教师与专业教师的关系，提升思政元素挖掘质量，使思政教育价值得到更全面、更有效的彰显。最后，将思政教师作为教学质量监督的主体，注重专业教师在挖掘并运用思政元素中存在的问题，纠正专业教师存在的错误理念和思想，提升思政课程与课程思政的协同质量。此外，高职院校应以教学交流与沟通的形式，突出思政教师在课程思政建设中的地位，使课程思政建设呈现出规范化、标准化、统一化的发展特征。简而言之，构建教学交流机制，是课程思政与思政课程协同育人机制建设的基本抓手，需要在丰富沟通形式的前提下，提高思政教师的指导地位，使课程思政建设更科学、更规范、更合理。

（三）"课程思政"的变化方法

高职院校要想实现课程思政与思政课程的协同育人目标，就应创新课程思政方法，引导专业教师通过践行现代教育与立德树人的育人理念，提升自身的自觉性与积极性。并以培养学生文化自觉与文化自信为抓手，将正确的价值观内化到学生的思想与行为中，使思政教育与课程思政得到良好的融合与发展。首先，变化教学方法。高职院校应变化教学方法，通过丰富教学内容与教学方式，使学生更积极地接受并体会思政元素所蕴含的思想及理念。引导学生更好地理解并应用思政理论知识。其次，注重对现代信息技术的灵活应用。课程思政的目标和任务，与思政课程存在明显的相同性和关联性，因此，学校可将思政教育的方法融入课程思政的建设中，借助网络直播的方式，将专业课程中的思政元素，以全新的方式呈现出来。

此外，在课程思政方法变化的背景下，高职思政教育内容、形式也应进行相应的调整，应契合课程思政的发展导向，提升思政教育的趣味性、通俗性及对专业教学知识的渗透，让思政教育与课程思政在教学实践中形成协同育人效应。

高职院校落实并推行课程思政理念，需要得到全体教师的支持与帮助，需要在思政课程与专业课程相互融合的前提下，实现全程育人、全面育人、全员育人的基本目标，使思政元素在挖掘与应用中，发挥思政教育独有的育人作用和育人功能，使协同育人机制真正成为推动高职院校职业教育与思政教育融合发展的抓手。在此背景下，高职院校应通过改变思政方法、构建思政体系和交流机制的方式，促进协同育人机制的建立与完善，使其在学生职业发展与专业成长中发挥出应有的育人作用。

第四章

高职院校思想道德与法治课程的实践教学

- 第一节　领悟人生观的真谛把握人生方向
- 第二节　追求远大理想坚定崇高信念
- 第三节　继承优良传统弘扬中国精神
- 第四节　融合思政教学培养法治意识

第一节 领悟人生观的真谛把握人生方向

正确把握人生方向，才能领悟人生的真谛，那么，什么才是正确的人生观，怎样的人生是有意义、有价值的。可以通过学习以下内容，引导并帮助学生树立科学的人生观和正确的人生态度，在实践中创造有意义的人生。

一、人生观概述

（一）人的本质

领悟人生真谛，要先对"人是什么"或"人的本质是什么"有一个科学的认识。对人的认识，核心在于认识人的本质。任何人都是处于一定社会关系中并从事一定社会实践活动的人，因此，社会属性是人的本质属性。即使是人的自然属性，也深深地打上了社会属性的烙印。认识人的本质，必须从现实的处于实践关系中的人出发，从人与人之间的家庭关系、经济关系、政治关系、法律关系等各种不断变化的现实社会关系中，把握人的本质属性。

（二）个人与社会的辩证关系

人是社会的人，社会是人的社会，个人与社会的关系问题是认识和处理人生问题的重要着眼点和出发点。个人与社会两者相互依存、相互制约、相互促进。社会是由人所组成，离开了人无法构成社会，社会是人的存在形式；同样，人是社会中的人，是社会中的一员，每一个人都存在于特定的社会历史中，离开了社会，人既无法生存，也不能称其为真正的人。个人与社会关系的关系，最根本的是个人利益与社会利益的关系，二者之间在根本上是一致的，社会利益离不开个人利益，个人利益也离不开社会利益。社会利益不是个人利益的简单相加，而是所有人利益的有机统一，体现了作为社会成员的个人的根本利益和长远利益，是个人利益得以实现的前提和基础，同时也为个人利益的实现提供保障。

（三）人生观的主要内容

人生观的主要内容包括人生目的、人生态度和人生价值三个部分，人生目的表明人的一生追求什么，人生态度表示以怎样的心态实现人生目标，人生价值则判定一个具体人生的价值和意义，三者之间相互联系、相辅相成，是一个统一的有机整体。

1. 人生目的

人的活动具有目的性和自觉性，这是人区别于动物的一个重要方面。人生目的就是人在一定社会历史条件下，对"人为什么活着"这一人生根本问题的认识和回答，是人生观的核心内容。在人生实践中，人生目的具有重要的作用：一是人生目的决定人生道路、二是人生目的决定人生态度和三是人生目的决定人生价值的选择。

2. 人生态度

人生态度是人们在生活实践中形成的对待人生问题的一种稳定的心理倾向和精神状态，是人生观的重要内容，也是人生观的外在表现和反映。一个人有什么样的人生观就会有什么样的人生态度，反过来，一个人对人生的态度如何，也会反过来制约他对世界和人生的看法，从而对其世界观和人生观产生重要影响。

3. 人生价值

人生价值是一种特殊的价值，是人的生命及其实践活动对于社会和个人所具有的作用和意义。人生价值内在地包含了人的自我价值和社会价值两个方面。人生的自我价值是个体。人生活动对自己的生存和发展所具有的价值，主要表现为对自身物质和精神需要的满足程度。人生的社会价值是个体的实践活动中对社会、他人所具有的价值。

人生的自我价值是个体生存和发展的必要条件，其实现是个体为社会创造更大价值的前提，个体通过努力提高自我价值的过程，也是其创造社会价值的过程；人生的社会价值是社会存在和发展的重要条件，其实现是个体自我完善、全面发展的保障。二者之间既相互区别，又相互联系，相互依存，共同构成人生价值的矛盾统一体。

（四）人生观与世界观、价值观

世界观来源于人的生产和生活实践，是人们对生活在其中的世界以及人与世界的关系的总体看法和根本观点。人生观是世界观的重要组成部分，是人们在实践过程中形成的关于人生目的、人生态度、人生价值等问题的总观点和总看法。价值观是人们关于价值的根本观点。

世界观决定人生观，有什么样的世界观，就会有什么样的人生观；同样，人生观又对世界观的巩固、发展和变化起着重要作用。价值观对人生观的形成和发展有重要的引导作用。

二、正确的人生观对高职学生教育的意义

（一）树立高尚的人生追求

高尚的人生目的总是与奋斗奉献联系在一起。只有把自己的人生目标与人民幸福联系在一起时，才能自觉自愿地把自己的一生奉献于利国利民的事业。

服务人民、奉献社会的思想指明了人在成长和发展过程中应确立的人生目标和方向。确立服务人民、奉献社会的高尚人生追求具有重要意义。一个人确立了服务人民、奉献社会的人生追求，才能清楚地把握人的生命历程和奋斗目标，深刻理解人为什么而活、应走什么样的人生之路等道理；才能以正确的人生态度对待人生、解决实际生活中的各种问题，以人民利益为重，始终对祖国和人民具有高度的责任感，在服务人民、奉献社会中实现自己的人生价值；才能掌握正确的人生价值标准，才能懂得人生的价值首先在于奉献，自觉用真善美来塑造自己，不断培养高洁的操行和淳朴的情感，努力使自己成为一个高尚的人。

（二）建立积极进取的人生态度

只有保持认真务实、乐观向上、积极进取的人生态度，才能实现崇高的人生目标。

（1）人生需认真。每个人都要保持一种认真负责的人生态度，对自己负责、对亲人负责、对朋友负责、对社会负责、对国家负责、对民族负责，做一个有价值、负责任的人。

（2）人生当务实。脚踏实地，才能一步一个脚印地实现自己的人生追求。

（3）人生应乐观。保持乐观向上的人生态度，积极面对人生旅途中遇到的困难和挫折，做一个乐观豁达、热爱生活、对人生充满自信的人。

（4）人生需进取。积极进取才能领悟到人生的真谛，体验到生活的快乐。

（三）成为人生价值评价与实现的标准

1. 人生价值的评价尺度

人的社会性决定了人生的社会价值。评价人生价值的根本尺度，是看一个人的实践活动是否符合社会发展的客观规律，是否促进了历史的进步。当下，衡量人生价值的标准，最重要的就是看一个人是否用自己的劳动和聪明才智为国家和社会真诚奉献，为人民群众尽心尽力服务。

2. 人生价值的评价方法

一是既要看贡献的大小，也要看尽力的程度。坚持能力大小与贡献须尽力相统一。二是既要尊重物质贡献，也要尊重精神贡献。坚持物质贡献与精神贡献相统一。三是既要注重社会贡献，也要注重自身完善。坚持完善自身与贡献社会相统一。

3. 人生价值的实现条件

（1）实现人生价值要从社会客观条件出发。

（2）实现人生价值要从个体自身条件出发。人的自身条件存在差异性，高职学生要客观认识并准确把握自身条件。

（3）不断提高自身的能力，增强实现人生价值的本领。个人主观努力对人生价值实现有重要的影响作用，高职学生要通过各种方式和途径，提高自身各方面能力，为实现人生价值奠定基础。

三、高职学生人生观建立的途径

（一）树立正确的幸福观

1. 幸福是一个总体性范畴

幸福是相对的，不同的人有不同的幸福标准，但幸福都是努力奋斗的结果。追求幸福的过程就是不满足于现状、不断追求和创造更美好生活的过程。

2. 个人幸福与社会整体幸福和他人幸福相互联系

在追求幸福的过程中，不能把自己的幸福建立在损害社会整体和他人利益的基础上。相反，只有在为社会做贡献、为他人服务的过程中，我们才能获得幸福所需要的环境和条件，产生更大的幸福感，实现个人幸福与社会进步相互促进。

3. 实现幸福离不开一定的物质条件

物质需要的满足、物质生活的富足是幸福的重要方面，但人的幸福并不能仅仅局限于物质方面，建立在物质基础上的精神需要的满足、精神生活的充实是幸福更重要的方面。

（二）树立正确的苦乐观

苦与乐既对立又统一，在一定条件下相互转化。要正确把握苦与乐的相互关系，努力做迎难而上、艰苦奋斗的开拓者。

（三）树立正确的顺逆观

顺境和逆境是人生历程中两种不同的境遇。在人生旅途中没有永远的顺境，也没有永远的逆境。无论是顺境还是逆境，对人生的作用都是双重的，关键是怎样去认识和对待它们。

（四）树立正确的生死观

首先，要认识到生命宝贵、人生紧迫，珍惜、保护自己和他人的生命，理性面对生老病死的自然规律，努力使自己的生命绽放人生应有的光彩。其次，还应认识到人的生命虽是有限的,但生命的价值却是无限的。我们虽无法增加生命的长度,但却能追求生命应有的高度。生死相依,只有"生的伟大",才能"死的光荣"。

(五)树立正确的荣辱观

荣辱观对个人的思想行为具有鲜明的动力、导向和调节作用。树立正确的荣辱观,就能在纷繁复杂的社会生活中,明确是非、对错、善恶、美丑的界限,明确应当坚持和提倡什么,反对和抵制什么,从而为自身判断行为得失,提供基本的价值准则和行为规范。

(六)反对错误的人生观

(1)反对拜金主义。拜金主义是引发自私自利、权钱交易、行贿受贿、贪赃枉法等丑恶现象的重要思想根源。

(2)反对享乐主义。享乐主义是一种把享乐作为人生目的,主张人生就在于满足感官的需求与快乐的思想观念。享乐主义会严重危害大学生的健康成长。

(3)反对极端个人主义。极端个人主义是个人主义的一种表现形式,它突出强调以个人为中心,在个人与他人、个人与社会的关系上表现为极端利己主义和狭隘功利主义。

(八)成就出彩人生

当代高职学生应当在实践中创造有价值的人生。

第二节 追求远大理想坚定崇高信念

理想与信念必不可分,理想体现一个人的信念与追求,信念是对理想的支持,倘若理想失去信念,那么理想会因失去动力而产生动摇,理想缺乏信心,人也无法只因理想而产生实际行动。因此，理想信念是支撑大学生前进的动力，理想信念对大学生成长成才有着重要的作用。

一、理想与信念的定义

（一）理想的定义

1．理想的内涵

理想是人们在实践中形成的、有实现可能性的、对未来社会和自身发展的向往和追求，是世界观、人生观和价值观在奋斗目标上的体现。

2．理想的特征

（1）超越性。理想源于现实，同时又高于现实、超越现实，以预见的形式，超前地反映未来。

（2）实践性。理想必须通过实践才能变成现实，否则只是空想。离开了实践，理想的产生和实现都是不可思议的事情。

（3）时代性。理想是时代的产物。理想作为上层建筑中的观念上层建筑，受制于生产关系，进而受生产力的制约。不同时代的生产力发展水平不同，生产关系也必然不同，人们形成的理想信念也会有所不同。

（二）信念的定义

1．信念的内涵

信念是人们在一定认识的基础上确立的对某种思想或事物坚信不疑并身体力行的精神状态。

2．信念的特征

（1）执着性。信念一旦形成，不会轻易改变。坚定的信念使得人们具有强大的精神定力，不为诱惑所扰，不为困难所惧。

（2）支撑性。坚定不移的决心和坚忍不拔的意志，能够帮助个人不断战胜困难，实现人生理想。

（3）多样性。不同的人因其所处的社会环境、思想观念、利益需要等方面的差异，会形成不同的信念；同一个人也会形成不同类型和层次的信念，其中信仰是信念的最高层次。

（三）信仰的内涵

信仰属于信念，是信念的最高表现形式，它是关于人生终极目标的信念。信仰有盲目和科学之分，盲目的信仰是对虚幻的世界、不切实际的观念、荒谬的理论等对象的迷信和狂热崇拜，对个人的发展起消极阻碍作用；科学的信仰来自人们对自然、社会和人类思维发展规律的正确认识，对个人的发展有积极的促进作用。

理想信念是人生发展的内在动力。理想信念昭示奋斗目标、催生前进动力、提供精神支柱、提高精神境界。

二、理想与信念的关系

（一）理想与现实的辩证关系

正确理解理想与现实的关系，既不能单纯地用理想否定现实，也不能简单地用现实否定理想，二者之间是对立统一的关系。

1. 两者相互对立

理想预示着未来的可能性，指向未来；现实是已经实现了理想，指向当下。

2. 两者相互统一

理想受现实的制约和规定，不能脱离现实来空谈理想；理想也包含着现实，现实发展的必然性及理想转化为现实的条件早已包含在理想中，理想是未来的现实。

理想的实现是一个过程。理想的实现不是一蹴而就、一帆风顺的，而是具有长期性、艰巨性和曲折性，要正确对待理想实现过程中的顺境和逆境，无论是顺境还是逆境，对人生的作用都是双重的，关键是怎样去认识和对待它们。艰苦奋斗是实现理想的重要条件，实践是理想转变为现实的唯一途径。理想的实现是脚踏实地，辛勤耕耘。

（二）坚持个人理想与社会理想的统一

个人理想与社会理想的关系实质是个人与社会的关系在理想层面的反映。

1. 个人理想的实现以社会理想为指引

人都是社会的人，是生活在一定历史阶段、一定社会集体中的人，因而，个人理想从属于社会理想，个人理想的实现需要通过社会实践才能完成，同时又必须以社会理想的实现为前提和基础。

2. 社会理想是对个人理想的汇聚和升华

社会是由个人组成的，不是凌驾于个人之上的独立存在。社会理想是建立在个人理想之上的，其实现也需要通过全体社会成员的共同努力，在每个人为实现自己的个人理想而进行的社会实践中得以完成。

三、高职院校学生树立正确的理想和信念的途径

（一）注重现实性，将大学生理想信念和社会及个人发展相结合

当前高职院校学生理想信念教育应该紧密联系思想实际。应该把理想信念教育的立足点建立在为学生成长成才服务之上，为其谋利益的宗旨上。要积极引导青年认识他们的根本和长远利益之所在，使他们看到未来和前途，适时地把他们的个人理想引导到为建设有中国特色社会主义现代化事业的奋斗上来，从而使个人的具体理想与全国人民的共同理想有机结合起来。引导他们树立只有社会、国家发展了，自己才能拥有更大的发展空间，使他们在这种"结合"的过程中，升华思想、坚定信念，减少学生在接受理想信念教育时的逆反心理。

（二）加强针对性，开展不同层次的理想信念教育

首先，要认清高职学生群体与社会群体的差异，针对性的开展理想信念教育。要从个体出发，结合每个同学的实际情况制定符合个人实际的理想，特别是职业理想。只有个体针对性强，才能更好地被同学本人接受，个人才能更好地实现个人理想；从家庭出发，家庭环境不同，学生个人起点不同对于未来职

业理想的树立与选择都存在差异，帮助同学树立理想要充分考虑家庭因素；从专业出发，结合不同专业的发展方向与专业特色培养与树立与专业相匹配的人生理想。

（三）提高实效性，多载体多方式开展理想信念教育

要注重互联网的作用，以信息化的手段加强大学生理想信念教育。利用微博、校内、QQ群等网络媒体，建立起立体化的网络思想教育平台将对推动高职学生思想政治教育起到重要的推动作用。

要在校园文化氛围上下功夫，以良好的校园精神影响学生。在教室、寝室、食堂、训练馆等空间悬挂校训、警示语等励志标语。在软环境建设上潜移默化地影响提升同学们树立崇高理想信念的意识。学校的校史教育、知名校友的报告等等都可以提升学生树立崇高理想信念的意识。

要注重实践教育，充分发挥社会实践的作用。做到知行统一。积极引导大学生参加社会实践，充分发挥社会的"第二课堂"对大学生进行理想信念教育的重要作用，通过三下乡、志愿者活动进入社区等活动让同学们了解社情民情、在接触社会、了解社会的过程中树立理想信念。

第三节 继承优良传统弘扬中国精神

一、民族精神

（一）民族精神的内涵

中华民族精神不是一种抽象的概念，它所折射出的底蕴和更深——层的内涵是纯真的爱国主义精神，包括（"井冈山精神""长征精神""红岩精神""西柏坡精神"，还有建设和改革年代形成的"大庆精神""两弹一星精神""抗洪精神"等）。中国是一个有着五千多年灿烂的文明国家，我们伟大的民族是一个不屈不挠、经历磨难而自强不息的民族。鸦片战争以来,中华民族不甘忍受耻辱,前仆后继,用血肉长城驱逐了侵略者,谱写了一曲曲悲壮的战歌。今天,热爱祖国、报效祖国,把祖国建设得繁荣富强,实现中华民族的伟大复兴,是每个中国人的崇高理想,是爱国足以的本质所在。中华民族精神是一个历史的范畴,在不同社会发展时期、不同阶段,有着不同的具体内容。在我国历史上,中华民族精神从来就是动员和激励中国人民团结奋斗的一面旗帜,是每一个真正的炎黄子孙所应有的骨气和胆识,是各族人民共同的精神支柱。在大学生中间开展历史教育和国情教育,让学生深入了解先辈是如何奋发进取,是怎样为中华民族屹立于世界民族之林而不屈不挠、顽强拼搏的,让他们在解读历史人物和事件中感悟我们的民族精神形成和升华的历史轨迹,激发大学生对民族精神的情感认同和理性追求,潜移默化地增强其自尊、自信、自强的民族精神,使学生将弘扬民族精神视为自身的历史责任和时代的使命,并能以实际行动实践履行伟大的民族精神。培养大学生的民族精神还必须树立学生的忧患意识。和平时期成长的新一代容易在西方经济全球化的掩盖下放松警惕,不少大学生接受外来主义思潮的"趋同论",关注人类整体利益,淡化本民族的利益。

民族精神是融入血脉的感情和理智选择的结果,不是简单的死记硬背就能形成的,是在学习和生活中亲身感受、长期积淀、逐渐形成的内在品质,这个长期而艰巨的系统过程不仅需要学校、老师发挥主导作用,更需要学生积极配合、主动参与。这就要求学生以上好政治理论课为前提,以校园活动为载体,以自我培养的方式根据自己的实际情况选择最适合自己的成长方式。这既可以弥补学校和教师因为不了解个体情况而出现的问题,又可以提高自身各方面能力的发展。

(二) 当代大学生民族精神的培养

民族精神的培养不是一朝一夕能够一蹴而就的,也不是靠简单枯燥的说教就能深入人心的,它要求科学完整的体系、丰富精彩的内容和灵活多样的形式。尤其不能忽视的一个方面就是让学生了解历史,认识国情。

二、时代精神

（一）时代精神的内涵

时代精神是一个社会在最新的实践中激发出来的，反映社会进步的发展方向、引领时代进步潮流、为社会成员普遍认同和接受的思想观念、价值取向、道德规范，是一个社会最新的精神气质和精神风貌的综合体现。改革创新是我们这个时代的最强音，党带领人民破除一切妨碍发展的思想观念、体制机制，取得令世人瞩目的巨大成就靠的就是这种精神。以改革创新为核心的时代精神，是马克思主义与时俱进的理论品格、中华民族富于进取的思想品格与改革开放和现代化建设实践相结合的伟大成果，已经深深地融入我国经济、政治、文化、社会建设的各个方面，成为各族人民不断开创中国特色社会主义事业新局面的强大精神力量。

（二）当代高职学生时代精神的培养

在经济全球化的条件下，国家仍然是民族存在的最高组织形式，爱国主义被赋予了坚实的基础和丰富的意义。爱国、爱人民与爱社会主义是高度统一的，我们每一个人都应该以热爱祖国、服务人民为最大光荣。对当代大学生而言，必须.以振兴中华为己任，努力做到立报国之志、增建国之才、行爱国之行。只有把自己的真才实学同热爱人民、报效祖国的志向融合在一起，始终如一地身体力行，才能为人民做出应有的贡献。

社会主义市场经济体制的建立和运行，彰显了对人的个性的张扬和对人的主体的尊重，在此基础上，人的民主意识和民主觉悟也进一步增强。具体表现在人民的主体意识、自由平等意识和权责意识得到了强化。人民作为国家的主体，是国家权力的主要来源。每一个公民在法律面前人人平等，享受权利的同时也必须履行义务。因此，大学生在校学习期间，除了学好专业知识以外，还应树立民主法治、自由平等、公平正义等理念，只有这样，才能在建设有中国特色的社会主义政治事业中建功立业。

高职学生是未来的建设者，也是未来科技领域里的精英，他们的科学精神状况是决定我国在世界未来科技领域地位的一个关键性因素。这就要求广大学生能够克服当前学术界急功近利、弄虚作假的浮躁风气，真正做到静下心来读书，不断地充实自己，提高自身素质，谋求全面发展。

三、高职学生继承和发扬中国精神的途径

1. 增强爱国的深厚情感

新世纪的高职学生应通过多种途径，努力培养强烈的爱国主义情感，并将这种爱国主义情感发展为爱国主义情操，做到以热爱祖国、贡献全部力量建设社会主义祖国为最大光荣，以损害社会主义祖国利益、尊严和荣誉为最大耻辱。

2. 确立报国的崇高志向

高职学生要在培养真诚的爱国主义情感的基础上确立报效国家的远大志向。要立报国之志，应该对祖国有正确的认识，包括对祖国的过去、现在和未来的深刻认识。知国才能爱国，知之深才能爱之切。

3. 培养建设祖国的聪明才智

高职学生，要在振兴中华的伟大事业中有所作为，必须要掌握过硬的本领，掌握建设祖国和保卫祖国的基本才干和技能。有了报国本领，才有了实现报国之志的条件，也才能实施报国行动

4. 坚持报效祖国的积极行动

高职学生要以振兴中华为己任，必须将报国之志落实到行动中，树立主人翁观念，从我做起，从身边做起，从一点一滴做起，积极投身到建设有中国特色的社会主义伟大实践中。

第四节　融合思政教学培养法治意识

近年来，高职教育蓬勃发展，为国家培养了大批高素质技能型人才。在大力提倡"依法治国"的今天，作为社会主义建设重要力量的高职学生，既

要具备良好的思想道德素质，也应具备良好的法律素质，其法律意识的高低会直接影响到社会主义国家法治建设的进程。因此，对高职学生加强法制教育，培养和提高其法律意识，已经成为新时期高职院校德育工作的新课题。思想政治课是高职院校德育工作的主渠道，也是培养高职学生法律意识的主阵地。在思想政治课教学中如何进行法制素质教育，对高职学生进行知法、懂法、守法、用法能力的培养，已成为思想政治课教师要深入研究并急需解决的问题。现如今高职院校学生有基本的法律知识，对一般的法律问题有较正确的看法；有较强的正义感有维护自身权益的意愿。通过调查发现在高职学生身上还存在一些突出的问题：对法律诉求的信心不足，法律意识有明显的本位思想，在法律认识与行动上存在一定的差距，对法律的信任程度不够。因此，在教学实践中，思政课教师必须坚持有所为，有所不为，紧紧抓住培养高职学生的法律意识为主线，用这条主线串联宪法、民法、刑法、诉讼法等重要内容，在有限的时间里，构筑起一个学法、懂法、守法的防护网，增强同学们预防犯罪的"免疫力"。那么，思政课教学中教师如何利用有限的课堂教学有效的培养高职学生法律意识？这就要求思政课教师在教学实践中进行不断的思索探讨。

一、高职学生法律意识培养的必要性

（一）有利于推进我国经济社会的健康发展

高职院校学生是二十一世纪建设社会主义的高索质高技能应用型人才，他们的法律意识，直接关系到"依法治国"方略的实现。随着我国加人WT0的成功，融人世界经济的进程日益加快，发展和完善社会主义市场经济是我国经济社会发展的重要目标。市场经济实质就是法治经济，不仅要求我们培养出来的大学生具有比较丰厚的专业知识和技能，而且必须具备相关的法律意识，了解相应的市场经济游戏规则，只有这样才能跟上世界发展的潮流，才能在市场经济中求生存和发展。因此，加强高职学生法律意识的培养，对于依法治国、建设法治国家、发展和完善市场经济体制以及现代化建设均具有极其重要的意义。

（二）有利于提高思政课教育教学的实效性

高职院校思政课教育的重要目标之一就是加强法治教育，培养和提高高职学生法律意识。高职院校的思政课课堂教学是培养和提高高职学生法律意识的最直接、最主要途径，其教学效果好坏会直接影响到高职学生法律意识的培养和提高。因此，要培养高职学生法律意识就必须增强高职院校思政课的教学效果，而要提高教学效果，就必须进行教学改革。思政课教师要更有效的开展教学工作，提高思政课教育教学质量。

（三）有利于提高高职院校德育工作的有效性和促进和谐校园建设

高职院校法治教育是高职院校德育的重要内容，而法治教育则以培养高职学生的法律意识为核心。高职学生法律意识的培养和提高，使其能更好的遵守高职院校各项规章制度，规范自身行为，维护校园秩序，形成良好校园文化氛围，理顺与高职院校、教师的关系，促进高职院校各项工作顺利开展。

（四）有利于高职学生综合素质的全面提升

法律素质是高职学生综合素质的重要组成部分，对高职学生进行法律意识的培养是当前我国全面实施素质教育的重要内容，具备一定的法律素养和良好的法律意识是高职学生将来立足社会的基本条件，也是衡量人才素质的一个重要指标。而且，法律素质的提高有助于高职学生思想道德修养、政治、心理等素质的提升，有利于高职学生的健康成长发展。

二、思政课视角下高职学生法律意识的培养途径

（一）提高思政课课堂教学的有效性是培养高职学生法律意识的主要途径

思政课课堂教学是高职学生认识法律、接受法律知识的主阵地，因此提高思政课课堂教学的有效性是培养高职学生法律意识最重要、最主要途径。提高思政课教学的有效性，要从多方面努力：明确课程教学目的，合理安排教学内容；针到法律知识多，课时少，在课时的内容的选择上，在教学中应充分考虑

学生的特点和需要，有针对性地突出重点，抓主线，讲授一些发生在学生周围的案例，优化组合要讲授的教学内容，提高学生的兴趣；学生对思政课不感兴趣，那就要求我们改革创新教学方法，在教学实践中恰当运用不同教学方法，如吸引学生积极思考的案例教学、培养学生自信心的鼓励式教学、促进学生踊跃发言的交流讨论等；丰富提高教学手段，熟练操作现代先进的电教设备；科学合理的设置教学考评机制，提高学生学习积极性；优化建设教师队伍，在师资队伍的建设上加强知识、科研、教学能力的培养，注重教师个人魅力尤其是教师亲和力的培养，学生对思政课的喜爱在很大程度上取决于任课教师的个人魅力。

（二）开展思政课第二课堂和社会实践活动是培养高职学生法律意识的必要途径

高职学生法律意识的培养和提高只靠思政课的课堂教学是远远不够的，要充分利用第二课堂以及社会实践活动进一步提高高职学生的法律意识。根据不同专业学生的特点开辟组织第二课堂的不同活动。开设法律选修课、开设系列法律知识专题讲座，开展法律知识竞赛、典型生动案例剖析、举行法律咨询活动等，寓教于乐，使法制深入人心，使高职学生知晓其中道理做到知其然，更知其所以然，时时处处以法律规范自己的行为；组建高职学生法律社团，引导法律社团积极组织法律体验活动，努力发展起一批具有正确法律观念的法律宣传委员；组织高职到法庭进行旁听；开展模拟法庭；带领高职学生参观监狱；参与社区矫正的志愿者工作，或者组织高职学生利用寒暑假就社会治安问题、物业纠纷、家庭纠纷、新法在当地实施情况等与法律相关的问题进行社会调研。使高职学生通过参加校外法律实践活动，实实在在地树立起法律至上等法律观念。

高职院校的学生正处于世界观、人生观、价值观形成和发展的重要时期。这一时期，高职学生需要在高职院校正确教育以及思政教师的引导下，不断学习，努力提高和完善自己。加强高职学生的道德修养和法律素养，是社会主义高等教育方针的基本要求，是历史发展的必然需求，也是高职学生自身成才的迫切需要。

第五章

通识教育课程中课程思政的实践教学模式

- 第一节　高职院校思想政治教育与人文通识教育融合研究
- 第二节　从国际机场英语教学案例中体悟职场英语的课程思政
- 第三节　活化语言学习，在"变"中提升文化自信
- 第四节　《信息技术》课程中的思政元素嵌入
- 第五节　《大学体育》课程中的思政元素嵌入
- 第六节　美学视角下思政课实践教学研究
- 第七节　高职学生就业技巧诚信求职，成就人生

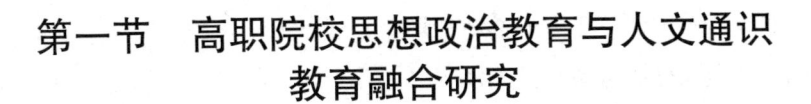

第一节　高职院校思想政治教育与人文通识教育融合研究

高等教育是国民教育体系中的最高层次。它建立在中等教育之上，在专业化的教育学科领域提供学习活动，是高度复杂和高度专业化的学习。高等职业教育是我国高等教育不可或缺的组成部分，怎样将思想政治教育内化到所有课程的教学之中，同样是摆在众多高职院校面前的重要课题。所谓"课程思政"，是将思想政治教育有机融入各类课程，挖掘并充实各类课程的思政教育资源，实现各类课程与思政理论课同向同行，形成协同效应。高职院校积极探索实施"课程思政"，实现专业教育、通识教育与思想政治教育有效融合，关系到高职学生思想水平、政治觉悟、道德品质和文化素养的不断提升。

一、高等职业教育下的思想政治教育、通识教育

（一）高等职业教育

高等职业教育，简而言之就是培养高等职业人才的教育。它以生产、建设、服务、管理第一线的高端技能型专门人才为主要培养目标，具有高等教育和职业教育的双重属性。高等职业教育的"高等"属性对高职学生的发展要求与普通高校学生是一致的。那就是，他们应拥有宽阔的视野，充分了解并掌握与个人素养和社会发展密切相关的知识，并在此基础上养成独立思考的习惯，提升探究和解决各种问题的能力，发展全面的人格素养。从教育层次上来说，高等教育的重要组成部分是高职教育，与普通中等教育、职业技术中等教育等相比，处于更高的等级和层次。

因此，与普通高等院校一致，众多高职院校必须坚持正确的办学方向，以培养德智体美劳全面发展的接班人为己任。高职院校育人的根本任务要求我们必须做好对学生的思想政治教育。

（二）思想政治教育

思想政治教育侧重于人们的政治思想，所以大学是一个人思想水平提升的关键期。要做到德才兼备显然不能光靠上几个学期的思政课就能实现。因此，高职院校的思想政治教育不应受限，而应覆盖学生的在校时间和所有课程，实现全程育人、全方位育人。

（三）通识教育

通识教育是一种广泛的非专业性教育，是以广博的跨专业知识为教学内容，以促进学生知、情、意全面发展，养成健全人格为目的的教育思想和实践。一般来说，通识教育的核心课程包括了人文与艺术、科学与技术、经济与生活等多个方面。人文素质教育历来是通识教育不可或缺的组成部分。

二、高校思想政治教育与人文通识教育的融合关系

思想政治教育以"育人"为目标，所有的教育实践活动都离不开所处的文化环境。人文通识教育关注学生文化素养的提升，但最终还是以他们思想水平、道德品质的提高为依归。因而高职院校思想政治教育与人文通识教育的融合，有着深厚的理论依据和强烈的现实需要。

（一）理论依据

1. 教育目标一致

教育目标也叫教育目的，是培养受教育者的总目标，有时也可指在教育总目标指导下，根据各级各类学校所担负的任务和学生年龄、文化知识水平而提出的具体培养，要求我国的高校要坚持立德树人，为实现中华民族伟大复兴贡献力量。

我国高校的思想政治教育包含了两方面的内容：一是提高学生的思想觉悟，使学生拥有良好的道德品质，明确自己的奋斗目标；二是促进学生的全面发展。

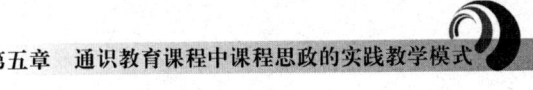

我国高校通识教育的探索和实践的目标是培养社会中的健全公民，关注人的道德、理智、情感以及工作、生活的和谐发展。

由此可见，思想政治教育与通识教育在对人的终极关怀上是一致的。一方面，两者都注重对人的存在意义的探索，致力于人的全面发展。思想政治教育与通识教育都以培养有道德、有教养、有智慧，有知识的全面和谐发展的人为目标，引导学生去理解、建构自己的道德标准和精神家园。另一方面，两者都注重对人的生命质量的提升。它们通过提供符合人的生命本性的思维方式、价值追求，引导学生去思索自身存在的价值，进行自我实现和自我超越。

2. 教育内容相通

教育内容是为实现教育目标，经选择而纳入教育活动过程的知识、技能、行为规范、价值观念、世界观等文化总体。一般通过课程的形式体现，实现满足社会需要和满足个人需要相统一。

高校的思想政治教育与通识教育都是面向所有大学生的，关注的是全体学生的身心健康和全面发展。两者都是涵盖哲学、政治学、经济学、历史学、社会学、伦理学等学科的庞大的人文社会科学学科群。因而，两者的教育内容是相通的，特别是思想政治教育与人文通识教育的契合度就更高了。通识教育注重人文社会学科的融会贯通，这无疑能充实和深化思想政治教育。思想政治教育与人文通识教育文学、历史、哲学、法律以及伦理等学科教育内容互相渗透。因而，思想道德教育与人文通识教育内容相通、原理相似。思想政治教育以人文通识教育为基础，而人文通识教育的实施有效促进了学生思想道德水平的提高。

3. 教育功能互补

教育功能亦称教育作用，指教育对整个社会系统的维持和发展所产生的作用和影响，主要涵盖人的发展和社会发展两个方面。育人是教育的根本功能，教育的社会功能是育人功能的延伸和转化。教育功能是教育本质的外在体现和集中表露，也是教育得以存在的"合法性"的基础，以及教育价值发挥的前提。思想政治教育根本上是对学生个体社会人格的塑造或发展的推动。它不仅能直接培养和发展人的思想水平、政治觉悟、道德品质，也会间接促进人的认知、判断、选择和执行等方面的素质和能力。人文认知和思维判断功能同时也是人文通识教育的最主要功能。这是由其"以人为本"的核心教育理念所决定的。人文通识教育不仅能直接提升学生的文化素养，也能间接培养和发展学生道德品质、政治觉悟和社会责任。

（二）现实需要

1. 通识教育发展的内在要求

中国高职院校在由"精英化"向"大众化"转型的过程中，通识教育的重要性日益突出。通常来讲，通识教育仅指现代高职院校中的非专业教育，也就是不同专业的学生所要掌握的"共同部分"，这部分教育并不直接针对学生专业与职业选择。从学理上说，通识教育就应包含思想道德教育。但是，由于传统和国情等原因我国高职院校体系中的思想道德教育还是一个相对独立占据主流地位的领域。

通识教育理念要求"回归人本"，核心是"如何做教育的"人，其终极目标是培养全面发展的人。通识教育的目标"人的全面发展"本身就蕴涵着思想道德教育的内容，其最终目的就是对学生进行思想政治观念与素质的培养。新时代，思想政治教育与人文通识教育必须加强融合，不断提高学生的思想水平、政治觉悟、道德品质和文化素养，实现"德智体美劳全面发展"。

2. 思想政治教育的必然选择

目前，课堂教学还是我国高职院校思想政治教育的主要方式，教学内容和授课模式等方面偏重于理论说教和意识形态灌输。在这样的情况下，受教育者往往是消极被动地去接受而非积极主动地去内化吸收这些理论。在很多情况下，思想政治教育显得呆板枯燥、索然无味。这种实效性大打折扣的教育显然无法适应新形势的发展要求。要走出困境，高职院校就必须"坚持把立德树人作为中心环节，把思想政治工作贯穿教育教学的全过程，实现全程育人、全方位育人"。在人文通识教育方面，力行"思文通识"。

第二节　从教学案例中体悟职场英语的课程思政

本节内容以国际机场英语为例,讨论职场英语的课程思政问题。

一、国际机场英语教学设计案例

(一)教学目的

案例的教学实施以学生自主学习、小组讨论与运用英语为主导,以项目型教学法为驱动,实施项目教学法。即将核心内容以项目的形式展现,在教师指导下,学生完成相关课程信息的收集,寻找问题解决的途径,将结果进行展示,以多听多讲的教学手段为辅助,结合团队合作学习教学模式,最终完成自我评价。

(二)教学设计

1. 课前任务

课前任务分配:学生以小组(四人一组)为单位,通过网络、书籍、沟通访问或小组成员经历分享的形式,整合机场出入境咨询的相关案例,使学生在了解机场建设及出入境方面的基本常识的同时,激发自身自主探究的意识。

2. 课中任务

课堂中,教师的角色不是简单地让学生按照教师的安排和讲授去得到一个结果,而是依据学生分组得到的相关案例,进行各组展示。教师则对展示结果给予评价。评价内容主要从学生展示效果、内容表达等,可以拓展到人们出入机场的时候需要遵守的规定以及机场礼仪等,培养学生的国家形象意识。

3. 课后任务

课后任务除了让学生完成规定的课后作业之外,可以引导学生认知国家机场建设的发展,使学生在了解国家发展的同时明白自身的理想是需要在国家经济发展的基础上实现的。

（三）总结分析

让学生搜集相关资料，了解国际机场的各种程序与常识，并且做相关的总结。学生在课堂以英语作为交流知识的方式，进而展示自己的研究结果。学生在思考和讨论的过程中，不仅能够学习相关英语语言知识，而且能够提高自身的英语应用能力。使学生认知到中华民族之富强，文化之自信，使学生的民族自豪感与爱国之情油然而生。

二、职场英语与课程思政

（一）课程思政融入高职英语课教学中的必要性

高等职业学校英语课程的目标不仅仅是帮助学生进一步学习语言知识，提高语言技能，还要发展学生的思维差异感知以及跨文化理解的核心素养。在高职英语课程中加入思政元素，使学生认识文化的多样性，形成开放包容的态度，发展健康的审美情趣；理解思维差异，增强国际理解，坚定文化自信；为学生的职业生涯、继续学习和终身发展奠定基础。这些都是高职英语教学所要达到的目标。英语作为高职课程中必修科目，教学范围广、教学时间长、教学内容极为丰富，中西方文化的碰撞不时出现，通过课程思政融入，使学生在接触西方文化的同时，也能深入了解我国优秀传统文化，让学生能用英语讲述中国故事，促进中华优秀文化传播，已经成为高职英语教学发展的方向。

（二）课程思政在高职英语课程教学中的应用现状

目前，高职学校英语教学中课程思政的融入还未形成体系。有的教师对思政教育不够重视，感觉思政教育与英语教学关系不大；许多英语老师上课只习惯于传授与教材相关的知识和文化，而缺失对如何将大国工匠，中华优秀传统文化等思政元素融入课堂教学的思考和研究。再加上英语教材编写的特点，思政教育设计的点不多，思政内容的分布呈现出碎片化的特点，缺乏规范性和系统性。教师未能深入挖掘出英语教材中的思政元素而往往忽视课程思政的融入。有时，思政元素融入英语教学过于生硬，只停留于简单的说教，达不到润物无声的效果。真正将课程思政融入高职英语课程教学中仍有较长的路要走。

（三）课程思政融入高职英语课教学的有效策略

1. 提升高职学校英语教师的思政素养

高职学校教师是课堂的主导者，也是思政元素的传播者。高职教师一方面要认识到课程思政的重要性，能够静下心来思考和深挖教材中的思政教育元素；另一方面，还要加强政治理论学习，阅读与思政相关的书籍，积累知识，提升自己的思政修养。在英语教学过程中，英语教师要以身示范，发挥榜样的作用，用自己的良好的言行举止去感染学生，引导学生树立正确的价值观，培养思想素质高、人格健全的专业人才，促进学生的全面发展。

2. 课程和思政相对接，思政教育入课堂

思政教育不是简单的道德说教，如果那样，英语课就变成了德育课，应将思政教育作为一个项目插入到实际教学内容中。将精益求精、爱国敬业、中华民族优秀的文化、知行合一、团结合作等理念"润物细无声"的融入学生的人生观、世界观的培育中。在英语教学中，采用创设情境教学，问题链教学和活动教学三位一体的课程思政融入模式：

（1）通过创设情境教学融入思政

在运营与管理课程的职业礼仪教学环节，笔者选取四位学生扮演四位不同的求职者，在面试时表演四种不同面试者的举止行为。通过小组讨论的形式，让学生分析和判断他们的行为举止是否符合求职面试的礼仪规范。以此为起点，进一步延伸到我们中华民族在衣着容貌、行为举止和言语辞令的传统礼仪规范。学生不仅在学习中知道了面试礼仪行为的英文表达，而且了解到中华民族"礼仪之邦"的内涵，使学生更加体会到文化自信和中国自信。再例如，在讲解面试应急事件处理环节，会让一位同学扮演未佩戴口罩的外国游客，而这位游课是有需要入住酒店的需求，而让另一位同学扮演前台服务人员。让两位学生进行角色扮演。通过情境创设，学生一方面掌握了职场英语的表达，另一方面，懂得了面对这样的情景，既要保持文明礼貌，又要坚持原则，要有理、有据，不卑不亢，坚持制度自信。

（2）通过问题链教学渗透思政

在讲解中英文求职信和简历的写作时，教师可以连续提出如下几个问题：中英文简历和求职信在写作时，在格式、内容中有无不同？有哪些差异？这反应中西方文化思维的哪些差异？我们如何正确对待这些差异？通过问题链的设置，让学生一方面了解中英文简历求职信和简历的在格式、内容及语言表述中的不同之处。另一方面，让学生感受到中西方思维的差异，认识到文化的多样性，教师适时点播学生要对西方文化形成开放包容的态度，发展健康的审美情趣；理解思维差异，增强国际理解，同时更要坚定中国文化自信。

（3）通过活动教学培育思政

在英语教学中教师应设计非富多彩的教学活动来提升学生的学习兴趣和课堂参与度。活动的组织都是以小组合作的形式展开。一方面小组成员之间通过互帮互助，可以共同提高。学生们还可以感受到集体的力量，体会到团体合作的重要性。另一方面，小组成员之间也存在着合理的竞争。通过活动教学让学生学会如何正确处理合作和竞争的关系。在活动教学中潜移默化的培育学生的竞争意识和合作精神。

3. 开展丰富多彩的第二课堂活动实施思政

由于受到英语教学课时的限制，教师仅在英语课堂上渗透思政元素还远远不够，教师还应开展丰富多彩的第二课堂活动实施思政教育。为学生提供多种途径和渠道获取中华优秀传统文化、中西方文化思维差异、爱国敬业、大国工匠等方面思政知识，要充分利用课外时间来拓展学生的视野，进一步提升学生的跨文化交流能力。教师可以通过"对分易 app"、学习通或蓝墨云班课等学习平台发布中华优秀传统文化、大国工匠、载人航天的视频，供学生分享观看。同时，教师还可以通过问卷网设置问题，了解学生的学习状况及学习后的心理变化。引导学生观看学习强国平台、CCTV-9英语频道、《中国诗词大会》《经典咏流传》等相关纪录片。邀请当地的劳动模范举办以工匠精神为主题的讲座，开展中华优秀传统文化的知识的英语演讲比赛。提高学生们的参与热情，提升学生的中国自信，能更加有效地实施思政教育。

总而言之，在高职英语课程教学中融入课程思政教育是新时代高职英语教学发展的方向，也是落实立德树人根本教育任务，实现了以德育人的目标的必然要求。让思政教育润物无声地融入高职英语教学过程中，为高职生扣好人生第一粒扣子，培养德才兼备的合格高职人才，为社会的发展和繁荣增添一份力。

第三节　活化语言学习，在"变"中提升文化自信

一、语言学习教学设计案例

（一）教学案例

几十年前，国人并无"休闲"和"旅游"的概念，旅游是大部分人遥不可及的梦想。各地旅游景点的修建和维护，交通、酒店、餐饮等相关配套设施的完善，文化元素的融入，国家法定节假日的确立，带薪休假制度的建立，均为我们实现旅游梦创造了条件。短短几十年，中国国内旅游、出境旅游、入境旅游人数跃居世界前列，国民的旅游模式发生了翻天覆地的变化。

一是旅游目的地之"变"。受交通所限，以前国人旅游出行只局限于周边区域。但随着我国现代综合交通运输体系的不断完善，出行所选择的交通工具也逐渐呈现多元化趋势。人们可选择汽车、火车、飞机、豪华邮轮等交通工具出行，网络约车平台也为游客在目的地的出行提供了便利。发达交通体系的构建大幅减少了路上花费的时间，扩大了出游范围，世界"缩小"了。二是旅游形式之"变"。在旅游业发展初期，人们出行主要选择跟团游，以走马观花式的景点参观为主。显然这种旅游方式并不能满足人们对自由旅行的向往以及精神文化方面的需求，国人旅游开始向个性化方向发展：体育旅游、文化旅游、农业旅游、医疗旅游、教育培训旅游、购物游、户外探险以及自由行等特色体验式旅游形式逐渐进入大众视野。三是旅游结构人群之"变"。以前，旅游休闲并非人人都能享受，出游似乎只是少数达官显贵以及有钱人的特殊消遣。而今，旅游也从少数人的奢侈品发展成为今天人民群众大众化的日常消遣，中国进入"大众旅游"时代。

（二）教学目的

（1）课前任务。课前布置任务让学生进行的合作学习和自主学习，培养了学生与人合作和自主解决问题的能力。在自行搜集资料的过程中，学生能挖掘出很多关于中国旅游模式变化的"点"，这也让他们在潜移默化中感受到祖国的伟大复兴。课前预给的句型为学生课堂上的展示搭建了一个语言平台，让基础较薄弱的学生也能有话好讲。

（2）课中任务。渗透英语表达方式，从而让学生在讨论互动中习得语言知识和技能。

（3）课后任务。让学生整合所学，经内化后进行英语语言输出。

（三）总结分析

通过案例中让学生感受祖国发展给人民生活上带来的变化，使学生对敬畏时代的进步，民族的发展了，从内心深处意识到祖国的繁荣昌盛源于正确的社会主义道路，此时，学生的内心充满了对民族的敬畏，对文化的自信。

二、在"变"中提升文化自信课程思政

文化是一个国家和民族的灵魂，是维系民族凝聚力向心力的精神纽带，是国家重要的软实力。青年大学生是国家的栋梁和民族的希望，肩负着传承、创新和发展中国特色社会主义文化的时代重任，提升大学生文化自信是高校践行守土有责、守土负责、守土尽责的内在要求，是培育时代新人的必然选择，是实现中华民族伟大复兴中国梦的现实需要。大学生文化自信教育是一项复杂的时代课题，不可能一蹴而就，提升大学生文化自信必须精准把握好大学生文化自信教育的"四个维度"。

（一）认知之维：深刻认识文化的内涵渊源

文化自信不是凭空产生的，提升大学生文化自信的首要前提是让高职学生对中国文化有充分的认识。因此，高职学生文化自信教育必须紧抓高职学生文化认知教育，提高高职学生对中国文化内涵渊源的认识，提升高职学生的文化

素养和底蕴，增强大学生文化自信的底气。

1. 正确认识中国特色社会主义文化

中国特色社会主义文化是当代中国的先进文化，当代高职学生要正确认识中国特色社会主义文化的历史渊源，深刻把握中国特色社会主义文化的本质特征。党的十九大报告用"源自于""熔铸于""植根于"三个词语，完整回答了中国特色社会主义文化的历史渊源，当代大学生要自觉加强对中华优秀传统文化、中国革命文化和社会主义先进文化的学习，提升对中国特色社会主义文化的认识深度和广度，在新时代中国特色社会主义的伟大实践中不断夯实文化自信之基。

2. 挖掘阐释中国文化的思想内涵

开展文化认知教育既要让高职学生正确认识当代中国文化的根和源，也要让高职学生充分了解当代中国文化所蕴含的思想内涵。高职院校要深挖中华优秀传统文化、中国革命文化和社会主义先进文化所蕴含的爱国主义精神、伦理道德规范、革命精神、社会主义核心价值观等价值理念，使其蕴含的丰富思想内涵充分展现出来。同时，高校要加强对当代中国文化的研究阐释工作，要善于把深奥晦涩难懂的文化思想进行分层释义，使每个阶段的大学生都能读懂中国文化。此外，对中国文化的阐释既要保留其固有的思想精华，也要根据时代发展的需要赋予其更多的时代内涵，增强文化自身的时代价值。

3. 拓宽对中国文化的认识渠道

拓宽对中国文化的认识渠道是推动大学生多形式、全方位认识中国文化的重要途径，对进一步提升高职学生文化自信具有积极意义。高职院校要丰富文化课程教学内容，大学课堂是大学生接受文化认知教育的主要渠道，要大力开设传统经典名著选读、传统音乐鉴赏、传统书法学习等文化课程，提高高职学生对中国文化的认识和求知欲。同时，高职院校要积极拥抱网络新媒体，主动抢占网络文化教育先导权，通过网络知识竞赛、慕课教学、微视频创作等方式宣传介绍中国文化，使网络新媒体成为提升大学生文化自信的最大增量。

（二）情感之维：培育文化情感认同意识

文化自信最持久的动力源于对文化的情感认同，文化接受主体只有从主观情感上对文化形成情感认同才能达到始终坚定文化自信的效果，对文化的情感认同是更深层次、更稳定的文化情感体验。提升高职学生文化自信要提高大学生对中国文化的情感认同，在充分了解中国文化的基础上深化高职学生对中国文化的情感体验，不断培育高职学生对中国文化的情感归属意识和文化情怀。

1. 创设主流文化环境

高校是多元文化价值观传播和聚集的主要场所，也是意识形态斗争的前沿阵地，西方文化思潮的渗透对高校主流文化价值体系带来了巨大冲击，西方文化宣传的"个人主义""普世价值论""历史虚无主义"等思想腐蚀着大学生的价值观念和行为选择，削弱了大学生对中国主流文化的情感认同，加深了当代大学生对中国文化的情感归属危机。加大对校园主流文化环境的创设，把主流文化融入到校园环境建设中，打造具有浓厚主流文化氛围的校园环境，使大学生在潜移默化中接受中国文化的感染和熏陶，增强大学生对中国文化的情感认同意识和文化归属感。

2. 增强文化感知体验

良好的文化感知体验不仅有利于激发高职学生对中国文化的求知欲和探索欲，更有利于提高大学生对中国文化的情感认同，为提升高职学生文化自信打下良好的情感基础。高校要丰富文化感知体验场景，通过丰富多彩的文化承载实体的视觉冲击，使高职学生更好地领略中国文化的风采魅力，从而加深对中国文化的印象和情感体验。同时，高职院校要为高职学生提供更多的文化体验活动，可以通过特定的传统节日活动、校园文艺活动、参观访问活动等形式丰富大学生的文化活动体验，通过对文化活动的直接参与既能深化对中国文化的情感体验，也能使大学生切身感受到中国文化的多样性和独特魅力。

3. 努力讲好中国故事

中国故事是传播中国文化的重要载体，它承载着中国文化的历史印记和价值观念，要努力向大学生讲好中国文化所蕴含的文化背景、历史典故、爱国事迹等，使大学生在聆听中国故事的过程中接受优秀文化的精神洗礼、产生情感共鸣。要讲好爱国主义故事，爱国主义是中华民族精神的核心，体现了中华民族捍卫民族尊严、维护国家统一的高度责任感和使命感，中国文化蕴含着丰富的爱国主义素材，要用爱国主义故事滋养大学生的爱国之心、激发爱国之情。

同时，还要努力讲好优秀传统文化故事、红色文化故事、改革开放故事等，以振奋人心的中国故事提升大学生文化自信。

（三）信念之维：坚定文化精神价值自信

中国文化源远流长、博大精深、内涵丰富，其蕴含的价值观念、人生哲理、人伦纲常等思想体现着中国文化的精神价值，这些精神价值不仅影响我们的行为处事，也影响我们对中国文化的态度。提升高职学生文化自信要不断提升高职学生对中国文化精神价值的自信，对中国文化精神价值充满信仰和敬畏，充分肯定中国文化的精神价值和思想内涵。

1. 坚持马克思主义信仰观

坚定对中国文化精神价值自信不是盲目地对中国的思想文化进行全盘吸收，而是要对文化有基本的价值判断和原则立场，坚定文化自信必须坚持以马克思主义为指导思想，用马克思主义的基本观点、基本立场、基本方法分析和解决文化信仰问题。马克思主义是我们立党立国的根本指导思想，就强调坚持马克思主义指导地位这一根本问题上，我们必须坚定不移，任何时候任何情况下都不能有丝毫动摇。提升高职学生文化自信要高度重视马克思主义信仰教育，只有坚持用马克思主义武装头脑、净化思想，才能确保文化信仰的社会主义性质不变质。

2. 不断提升理性认知能力

当代大学生缺乏文化自信的原因众多，对文化缺乏理性认知是其中之一。提升大学生文化自信不仅要加强对中国文化的情感认同，也要加强对中国文化的理性认知，特别是在意识形态斗争日益复杂化的今天，更需要提升大学生对文化的理性认知能力来消除大学生的文化价值认同危机。面对西方意识形态的渗透和多元文化价值观的碰撞，大学生要不断提升理性认知，增强对不同文化性质的甄别、分析能力，要善于用辩证、历史的思维加强对不同文化的理性认知，在提升理性认知能力过程中不断坚定文化自信。

3. 广泛开展理想信念教育

文化自信与理想信念在本质上具有相通性，两者是相辅相成的，文化自信支撑和夯实了理想信念，理想信念为培育文化自信提供充足养分。高校要广泛开展理想信念教育，引导大学生树立正确的理想信念和价值观念，把青年大学生培育成为坚定共产主义远大理想和中国特色社会主义共同理想的坚定信仰者。开展理想信念教育要高度重视思想政治教育的作用，要加强社会主义核心价值观教育，用社会主义核心价值观强化对理想信念教育的价值引领。

（四）实践之维：组织开展文化实践活动

组织开展文化实践活动是加强大学生文化自信教育的客观需要，实践活动的缺乏容易导致大学生对中国文化的理解出现认知性偏失，当理论知识与实际状况存在不一致或相互矛盾时，就容易致使大学生对中国文化产生怀疑和误解，对中国文化的自信心降低。

1. 支持鼓励文艺创作活动

支持鼓励大学生进行文艺创作是增强大学生文化活动参与感、获得感的重要方式，也是实现文化复兴的重要举措。高校要善于利用自身人才资源优势支持大学生进行文艺创作活动，为大学生开展文艺创作活动提供必要的条件支持，鼓励大学生发挥专业特长进行文艺创作。例如，艺术相关专业学生可以在自己的艺术作品中融入优秀文化因子，通过文艺作品宣传展示社会主义核心价值观等；历史相关专业学生可以通过对中国文化历史进行专业的讲解、释义等，帮助大学生克服对中国文化历史的认知错误，旗帜鲜明地抵制历史虚无主义。

2. 开展革命文化教育活动

革命文化是文化自信的重要源头，井冈山精神、长征精神、延安精神等革命精神是中华民族宝贵的精神财富，也是激励中华民族不断砥砺奋进的精神动力。高校要不断加强革命文化信仰教育，筑好大学生文化自信之基。通过组织大学生参观革命圣地、革命历史博物馆、采访革命先辈等活动，去追寻革命足迹、缅怀革命先烈、聆听红色故事，使大学生在实践活动参与中深刻认识到革命文化的价值，从内心深处认同和敬畏中国革命文化，自觉继承和发扬中国革命文化精神。

3. 开展文化主题教育活动

开展文化主题教育活动有利于增强大学生的文化活动参与度，有利于大学生系统接触和了解中国文化。高校要高度重视文化主题教育活动方案的策划，提倡优秀可操作的文化主题教育活动实施方案。通过主题交流研讨活动、党日活动、团日活动、班级活动、传统节日活动、专题讲座活动等主题教育活动，弘扬中华优秀传统文化、中国革命文化和社会主义先进文化，以实际行动扎扎实实推进文化主题教育入脑入心入行，在开展文化主题活动教育中不断培育大学生的人文情怀，使大学生在文化主题教育实践活动中不断提升文化自信。

第四节　信息技术课程中的思政元素嵌入

立德树人是高校育人之本，高校所有专业、所有课程都具有育人的功能，要充分的挖掘专业课程中的思政资源，挖掘各个专业的课程中的育人元素，这样才能够激励大学生将自己的理想融入至国家与民族的事业当中，才能够成为中国特色社会主义的合格建设者和可靠接班人。①

一、专业课程中的"思政元素"的含义及意义

所谓专业课程中的"思政元素"，不是指在专业课程中"嵌入"思政元素，也不是在专业课程中"融入"思政元素，而是在专业课程中"挖掘"其蕴含的"思政元素"，即"育人元素"。"融入论"和"嵌入论"在很大程度是"思政补丁"。课程思政不等于专业课程思政化，也不是专业课程中或课堂结束后，转而进行思政上的引申和靠拢。就是说如何"挖掘"专业课程固有的"思政元素"作用于学生，让其学会以专业为基础，从专业中引发和专业相连的问题，从而达成思政教育，在知识传授的同时实现价值引领的目标。这对于提升高职学生的思想政治素养以及综合素质而言有着积极的作用。

---

① 韩飞. 高校"课程思政"教育理念的科学定位 [J]. 黄冈职业技术学院学报，2018：64.

二、信息技术课程中蕴含的"思政元素"

（一）钻研精神

所谓钻研，是指深入细致地研究，指用心思虑，费尽心思。目前高职院校的学生有很多对于理论知识与技术学习不够认真，对部分问题没有进行深入的思考，缺乏钻研精神，因此也就不可能进行具有开拓性、创新性的工作。在信息类专业课程中如果遇到技术难题，学生要克服消极思想，要破除暴躁情绪，敢于迎难而上，积极解决问题。[1]对于遇到的问题要认真观察与思考，探究其中所蕴含的规律，要善于从事物与事物之间的联系来分析并解决问题。"当今世界，科学技术迅猛发展。高职院校要瞄准世界科技前沿，加强对关键共性技术、前沿引领技术的攻关创新。"而这些都需要学生具备钻研精神。总之，学生要具有面对问题迎难而上勇气与精神，通过自己的刻苦钻研与不懈努力去解决问题。

（二）爱国精神

所谓爱国，就是爱自己的国家。爱国体现了人们对自己祖国的深厚感情，反映了个人对祖国的依存关系，是人们对自己故土家园、民族和文化的归属感、认同感、尊严感与荣誉感的统一。"青年学生要爱国，要忠于祖国、忠于人民。但是爱国，不能停留在口号上，而是要把自己的理想同祖国的前途、把自己的人生同民族的命运紧密联系在一起，扎根人民，奉献国家。"中兴被制裁事件，以十亿美金罚款，外加四亿美金的保证金，告一段落。中兴这一事件引发人们的热议，除了对遵守商业规则的讨论之外，更多的是对芯片被卡脖子扼腕。因此教师在信息类专业课程授课的过程中，要使学生明白应当努力的学习技术，开拓进取，并把个人的工作和事业追求与国家民族的需要契合起来，促进个人提升，为国家做出自己的贡献。教师努力让学生意识到在高科技领域，我们必须要独立自主和自力更生，努力掌握核心技术，[2]不被西方国家牵着鼻子走，通过我们的努力为国家争光。

---

[1] 于璐，郝芸，景玉冰，王颖.电子信息专业类课程中融入思政、双创教育的课程体系改革[J].课程教育研究，2018：64.

[2] 田鸿芬，付洪.课程思政：高校专业课教学融入思想政治教育的实践路径[J].思想理论教育 2018：65.

（三）责任担当

责任是指社会道德上，个体应做的事，如职责、尽责任、岗位责任等。而担当基本意思是承担；担负任务、责任等。目前高职院校的学生都是00后，虽然他们学习能力也较强，但是有着浓厚的个人主义，合作意识薄弱，责任担当较差。00后自信又张扬，但是他们的抗挫折能力较差，遇到问题与困难就退缩，不敢承担。所以教师在教学中，要使学生勇敢的面对自己的责任，即便是在学习中或者工作中出现了瑕疵，也要勇敢的面对，要积极的解决问题，承担自身的责任。"国家的前途，民族的命运，人民的幸福，是当代中国青年必须和必将承担的重任。当代中国青年要有所作为，就必须投身人民的伟大奋斗。"

（四）技术操守

所谓技术操守，就是在一定意义上说，操守是作为个体的人被社会和群体认同，并得以自由生存和共处的基本前提。每一个人，每一个岗位都应当有其职业道德与技术操守，这样才能促进自身的健康发展。在信息类专业当中技术操守就是"德"。随着区块技术的推广，一部分人认为比特币就是区块链，数字货币就是区块链。比特币与我们现实生活中的物品不同，它是虚拟存在的，是区块链技术所诞生出来的数字货币之一，但是它并不唯一，如今各种各样的货币在市面上出现也充分证明了这一点。学习并拥有区块技术是信息类专业学生的义务，但是学生们也应当明确技术是中性的，要坚持自己的技术操守与道德底线，不利用自身技术作恶。

（五）理想情怀

所谓情怀，是指含有某种感情的心境。就是由人对特定事物、特定地方有着特定的情感。随着经济的发展与社会节奏的加快，在社会上，甚至在部分校园中都充斥着拜金主义，很多学生学习的主要目的是为了获得一个好工作，功利性十分明显。在这个浮躁的社会环境中，教师要使学生明白技术的重要性，要明确学习信息技术的价值，不仅仅是为了自身的发展，还是为了社会技术的进步与国家的发展与富强。①广大青年要培养奋斗精神,做到理想坚定,信念执着,不怕困难,勇于开拓,顽强拼搏,永不气馁。高职院校的教师也要帮助学生树立远大的理想信念,并为了这一理想不断的拼搏与努力,这样才能使得自己的人生更有价值。

三、信息类专业课程中的"思政元素"的运用

在信息类专业课程中要充分运用其中所蕴含的思政元素。例如,教师在讲解计算机发展史时,要注意培养学生的爱国主义精神,并建立远大的理想与信念。通过对计算机发展简史的讲解,使得学生可以认识到我国研制计算机的时间虽然较短,但是我国研制的"银河"系列计算机系统已经处于世界领先水平,这增强了学生的自豪感。在计算机的CPU研制方面,我国已经具备了独立知识产权"龙芯"芯片,其成本低、功耗低,赶上并超过了领先水平。通过这些可以激发学生的民族自豪感,激励学生为了国家而刻苦学习。

在讲授计算机软件知识的同时,还要向学生们介绍我国软件行业的求伯君、王江民等,他们为我国软件事业的发展做出了突出的贡献,付出了汗水与艰辛,这样可以激发出学生学习的积极性。让他们树立坚定的信念,努力向前辈看齐,为国家做出自己应有的贡献。

在讲授版权知识问题时,要使学生明白盗版的危害,使得学生具有知识产权保护的意识,拒绝使用盗版软件,自觉维护正版软件的利益。尊重知识产权的意义在于对知识的尊重,没有知识产权的保护就没有科学知识的发展与进步。

第五节 大学体育课程中的思政元素嵌入

《高等学校课程思政建设指导纲要》进一步明确指出,课程思政是落实立德树人根本任务的战略举措,将课程思政融入课堂教学建设全过程。推进课

---

① 唐海风.课程思政:高职专业课教学融入思政元素的路径[J].思想理论教育,2018:65.

程思政建设，是要寓价值观引导于知识传授和能力培养之中，帮助学生塑造正确的世界观、人生观、价值观。大学体育是课程思政育人育才重要的载体，是三全育人的重要途径，大学体育课程思政是新时代体育课程育人的时代应然和必然。

一、高职院校体育课程思政的学科意义及概念诠释

高职院校体育课程思政是通过教与学的活动实现体育课程育人的教育教学理念和实践，是一种学科育人和育才的思维方式。它是体育教育理念与时俱进和学科反思。高职院校体育课程教学中蕴含着爱国主义、集体主义、团结协作、顽强拼搏、规则、法律意识、科学精神、优秀品质、人文素养、健康三观等诸多思政元素，将其有效融入高职院校体育教学，并以改变体育教育观念为教育起点，树立体育科学精神与体育人文精神相融合的教育理念，融合体育教育对人的身体发展、社会适应、心理健康等教育结果的追求，提升人的综合素质，实现人的全面发展。因此，高职院校体育课程思政就是在大学体育教育目标准确定位和功能明确的前提下，充分挖掘体育课程的思政资源，优化体育教育环境、拓宽体育教育的渠道，发挥所有体育教育主体的协同作用，并将理论与实践、教师与教材配备、教学目标与教学内容高度集成与融合的体育思政教学观。其目的就是要充分发挥体育课程的思想政治教育功能，运用德育教育的学科思维，提炼体育课程中的优秀文化基因和中国价值，将其转化为社会主义核心价值观具体化、生动化的有效教学载体，在"润物无声"的体育学习和锻炼中融入理想信念层面的精神指引。只要是对学生人生成长有积极引导、有助于激发学生的爱国、理想、正义、道德等正能量的元素都应当是属于课程思政的范畴，都可以做好设计融入课程之中。

二、思政元素与高职院校体育课程教学设计的有机衔接

高职院校体育课程思政的教学设计要以课程思政的教育理念为逻辑起点，以课程思政的价值内核为中心点和落脚点，以体育课程内容为框架，以体育课程中蕴含的思政元素为素材，遵循人的发展规律和体育课程的学科特点和教学特点进行设计创新。高职院校体育课程思政是时代的要求，对于加强和改进学

生思想政治教育，培养学生良好的身体素质和健康的体魄，全面实施科教兴国和人才强国战略、确保中国特色社会主义事业兴旺发达、后继有人，具有重大而深远的战略意义。

（一）高职院校体育课程思政教学设计创新的理念遵循

"完全人格，首在体育。体之不存，则四育尽失。"高职院校体育是贯彻党的教育方针的重要组成部分，是高等学校培养德、智、体、美、劳全面发展合格人才的重要保证。高职院校体育的教育理念亦应该随着中国教育事业发展的需要与时俱进予以更新服务于党和国家对人才培养的需求。故此，要牢固树立"立德树人""健康第一""学生中心""以人为本""以本为本""四个回归"的教育教学理念，强化大学体育教学训练，遵循"教－练－赛－健"的原则，落实"一心一意四融合"的教学模式，即以学生发展为中心；课程思政育人为主线；体育教学与思政教育深度融合、理论教学与实践教学深度融合、信息技术（互联网＋）与体育教学深度融合、体育科研与教学深度融合。进而以运动项目为基础，技能教学为主线，注重培养学生的体育兴趣，健全人格，养成终身锻炼的习惯和能力。同时加强对体育文化知识、健康理论、保健方法等知识的传授，重视理论与实践相结合，在运动实践中注意渗透相关理论知识，运用多种形式和现代化手段，采用多元化的教学方法，扩大体育的知识面，提高学生的体育认知能力和自主学习能力。利用体育精神、体育文化、体育价值、体育意识等课程思政元素突显课程立德树人的育人功能。

（二）大学体育课程思政教学设计创新要以体育学科教学为目标靶心

1. 知识目标

树立"健康第一"的观念；掌握和应用基本的体育（与健康）知识和运动技能方法；能够进行简单的测试和评价体质健康状况，掌握有效提高身体素质、全面发展体能的知识与方法；培养体育文化欣赏能力。

2. 能力目标

熟练掌握两个以上运动项目的基本技能；运用所掌握的运动技能进行体育锻炼，提高自己的运动能力；掌握常见运动损伤的处置方法。能自我评价体质健康状况，并能制定个人锻炼计划；有一定的体育活动组织策划能力，会欣赏体育比赛。

3. 素质目标

通过教学使学生在身体健康、心理健康、社会适应能力三方面和谐发展，养成坚持锻炼身体的良好习惯和终身体育意识；通过体育活动建立良好的人际关系，表现出高尚的体育道德和互相合作精神，能正确处理竞争与合作的关系；提高对个人健康和群体健康的责任感，形成健康的生活方式；发扬体育精神，形成积极进取、乐观开朗的生活态度。培养自信，改善气质；形成团结、协作、互助的意识。

（三）高职院校体育课程思政教学设计创新要以体育学科内容为载体

高职院校体育教学内容的设置应突出以"体"育人的功能，落实深化高职院校体育课程思政，提高身体素质，遵循大学生身心发展规律和兴趣爱好，坚持健身性与文化性相结合、选择性与实效性相结合、科学性与可接受性相结合、民族性与世界性相结合。依据体育课程思政元素的挖掘与融入，可将高职院校体育教学内容进行分类，可分为理论性课程内容、术科实践性课程内容、综合性课程内容。其中，理论性课程内容主要包括各运动项目的相关理论、竞赛规则与裁判法、体育文化、营养保健、相关项目素质文化知识拓展等；术科实践性课程内容主要包括各运动项目专项技能、基础与专项身体素质练习、运动健身与防护等；综合性课程内容主要包括运动处方、运动营养与康复、科学健身锻炼方法、运动损伤的预防与处理等。根据教学内容的分类，合理设计安排课程课堂教学内容，引导学生进行线上线下、课内课外一体化学练，提升学生学习成效，实现全方位以"体"育人。

（四）高职院校体育课程思政教学设计创新要以体育学科教学方法和手段为依托

围绕高校培养全面发展的合格人才目标，革新高职院校体育教学方式与方法，优化教学组织形式。以线下课堂面授为主，线上学习、课外体育锻炼、线上＋线下混合式教学形式为辅，把传统教学方式和新媒体在线教学方式有效结合起来，实现优势互补，提升教学效果。结合教学内容的分类、具体的教学目标以及体育课程思政元素融入案例，形成教学案例库，以问题为导向，采取案例教学法、情景教学法、讲解示范法、运动游戏法、运动竞赛法、形成性评价、互动式、参与式、启发式等教学方法，借助"互联网+"技术，采用（O2O）混合式教学，理论性知识采用线上教学，技术程序性知识采用线下教学，线上与线下有机结合，并将体育思政教育有效融入课堂教学之中。并根据学校"一体四翼"的体育教学模式（"一体"指以体育教学与教科研为主体，"四翼"指体育竞赛训练、大学生体质健康测试、网络课程"金课"建设、体育社团活动），推进学校体育的多维度建设。

（五）高职院校体育课程思政教学设计创新要以体育学科评价方式为着力点

根据大学体育的教学形式，完善体育课程思政的教学评价体系。针对大学体育课程线上线下、课内课外、课前课中课后的实施形式，明确各个时段节点任务点的思想政治教育目标，将思政元素融入其中，以达到体育知识与技能及思想政治教育的双重效果。制定大学体育课程思政教学效果评价量表，通过教师和学生两个视角适时评价每次课及整个学期的教学效果，进一步完善教学设计，提高教学效果。优化学生成绩评价机制，采取形成性评价+过程性评价+终结性评价相结合的综合评价方式，从考勤、学习活动参与度、课程思政、课堂交往、基础身体素质、专项素质、技术技能、竞赛能力等多方面进行考核评价，关注发展学生特长，激励弥补不足，使考核评价的目的上升到促进个体发展层面。优化教师教学评价机制，采取学校、学院、同行、学生四级教学督导评价机制，通过多元评教方式，提高教师的教学能力、业务水平和为人师表的责任心。课外体育活动是体育课堂教学的延伸，蕴含着丰富的思想政治教育元素，亦是体育课程思政发挥立德树人的重要渠道；建立常态化的体育竞赛机制，开展各级各类体育竞赛，将体育思政元素与课外体育竞赛紧密结合起来。

三、高职院校体育课程的思政元素有效融入与教学设计创新

大学体育课程的思政元素有效融入与教学设计应遵循人的发展规律和体育

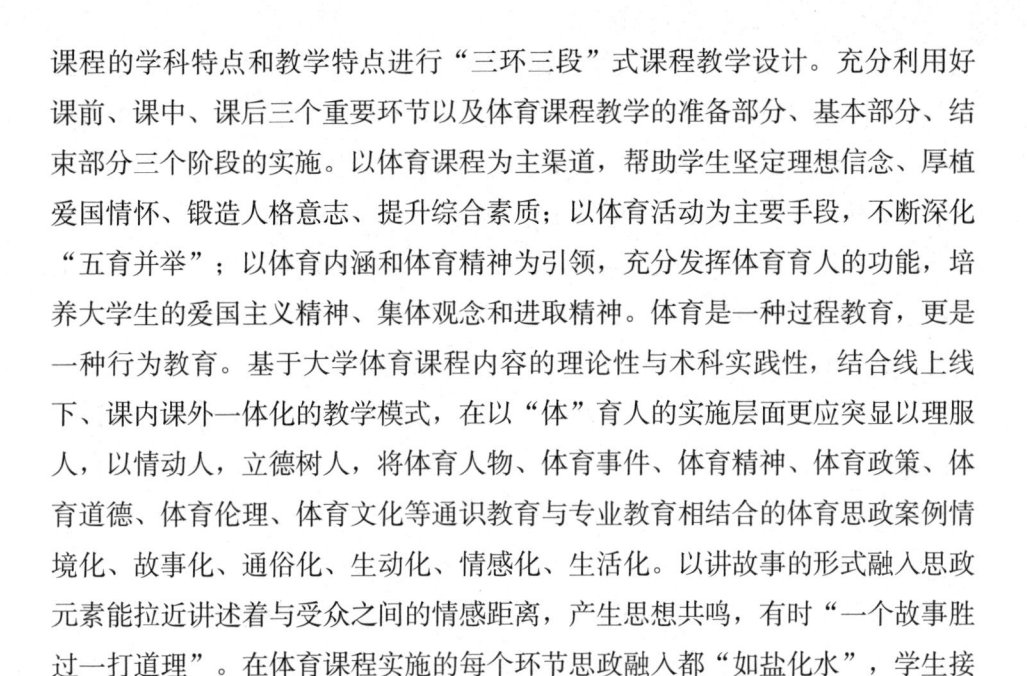

课程的学科特点和教学特点进行"三环三段"式课程教学设计。充分利用好课前、课中、课后三个重要环节以及体育课程教学的准备部分、基本部分、结束部分三个阶段的实施。以体育课程为主渠道,帮助学生坚定理想信念、厚植爱国情怀、锻造人格意志、提升综合素质;以体育活动为主要手段,不断深化"五育并举";以体育内涵和体育精神为引领,充分发挥体育育人的功能,培养大学生的爱国主义精神、集体观念和进取精神。体育是一种过程教育,更是一种行为教育。基于大学体育课程内容的理论性与术科实践性,结合线上线下、课内课外一体化的教学模式,在以"体"育人的实施层面更应突显以理服人,以情动人,立德树人,将体育人物、体育事件、体育精神、体育政策、体育道德、体育伦理、体育文化等通识教育与专业教育相结合的体育思政案例情境化、故事化、通俗化、生动化、情感化、生活化。以讲故事的形式融入思政元素能拉近讲述着与受众之间的情感距离,产生思想共鸣,有时"一个故事胜过一打道理"。在体育课程实施的每个环节思政融入都"如盐化水",学生接受"润物无声"的教育,教师亦做好"守渠种田"。以大学体育武术课为例,来呈现术科实践性课程思政元素融入的"三环三段"式教学设计。

(一)体育课程思政的课前准备

学习的本质是要触发学生的思考。要打造以学生为中心的教育,要让学生学会反思与讨论,自学与思维。在课前,可以通过超星学习通、雨课堂或班级QQ群、微信群等布置课前预学任务,要求学生初步了解本次课的内容"是什么?"思考"为什么会是这样?原因是什么?结果会怎么样?"坚持以此推进,培养学生的自学能力、自律能力,促使学生掌握武术技术中的逻辑、规律关系,养成会思考、善总结的习惯。

(二)体育课程思政的课中实施

1. 准备部分

整队集合,学生闻令而动,接受服从命令、听从指挥、令行禁止的教育;师生问好(行抱拳礼),培养学生注重礼仪、礼节,尊师重道,懂得尊重别人。文明礼仪是中华民族的传统美德,在新时代更是成为交流、团结与合作的重要手段。关于弘扬中华传统美德我们要建立和规范一些礼仪制度，传播主流价值，增强人们的认同感和归属感。要利用各种时机和场合，形成有利于培育和弘扬社会主义核心价值观的生活情景和社会氛围，使核心价值观的影响像空气一样无所不在、无时不有。武术是中国优秀传统文化的典型代表，更是中国文化的典型符号。武术讲究"未曾习武先习礼，未曾习武先习德。"武术课堂更注重尊师重道，谦让有礼。武术抱拳礼更是贯穿学武全程，如个人礼仪、上课礼仪、下课礼仪、致意礼仪等，能培养学生理解、宽容、谦让、诚实的待人态度和庄重大方、热情友好、礼貌待人、尊重他人的文明举止，是思想道德教育的重要内容；安排见习生，教育学生学会关爱他人；热身准备活动，教育学生"凡事预则立，不预则废"，养成行事有备而行，关注细节的习惯。

2. 基本部分

分层分组教学，更有效地激发学生学习积极性；武术技术学习、练习，千百次重复练习、磨炼，使学生具备勇于面对困难、克服困难的意志；武术基本功学习、练习，引导学生领悟：要进步，打好坚实的基础很重要；初步掌握武术技术的阶段，要克服急躁，不急于求成，把握技术细节；各项身体素质练习，让学生理解不经历风雨怎么见彩虹；安排技术较好的学生担任教师助手（或小组长），培养学生的综合能力、乐于助人；在教师示范与学生练习中，让学生用手机互拍，把自己的动作视频和老师示范动作进行比较分析、讨论，找出问题，加以纠正。不仅提高了学习效率，而且还提高了学生的相互交流、相互沟通的能力，培养了学生们相互关心，相互帮助的精神；以小组为单位练习并对学习效果进行评价，培养学生的团队意识、团队精神；武术的攻防讲授，让学生理解要有争取先机的主动性，进攻是最好的防守。防守要心理平稳、不疾不徐、领悟后发制人；武术技术动作提升阶段和身体素质练习，发扬不怕苦、不怕累、顽强拼搏、积极进取的工匠精神；在讲授规则和教学比赛中，要求学生遵守规则，尊重对手，尊重裁判，培养学生讲规矩、胜不骄、败不馁、积极进取、顽强拼搏的团队精神与优良品质；让学生们组织班内比赛，拓展学生们的综合能力；纠错阶段，培养学生追求完美、精益求精的工匠精神；在学生技术停止不前的阶段，培养学生不言败，不放弃的意志品质。

3. 结束部分

整队集合，学生闻令而动，接受服从命令、听从指挥、令行禁止的教育；放松整理活动，动后拉伸是比较科学的方法，可以避免运动损伤和增强肌肉弹性。静态拉伸是指运动后，对肌肉、肌腱施加一定的力使其拉伸，以达到改善关节活动范围、减缓肌肉僵硬等目的。武术运动对身体的柔韧素质、协调性等要求相对较高，让学生保持良好的锻炼习惯，进行科学的运动锻炼，使学生对运动后静态牵拉理念有深刻认知，并能够自觉地在运动实践中运用，防止运动损伤；通过对预设问题的回答、学生参与行为的观察、学习成果的展示、技术与体能的检测等进行综合点评，让学生知不足，而自省，然后进。

（三）体育课程思政的课后深化

布置课后练习内容，让学生达到进阶目标，学生自觉地练习，培养学生的自律能力和积极向上的精神；布置观赏经典赛事，培养学生的爱国精神，提高学生的鉴赏能力；参与组织班级赛、院系赛、学校赛，以赛促教，培养学生顽强拼搏、公平竞争、积极进取的优秀体育品质；鼓励学生在班级QQ群、微信群或超星学习通进行沟通交流、相互研讨、相互指导，帮助学生建立集思广益、见贤思齐的思维模式，善于沟通表达的能力、养成平等交流的习惯。

课程思政是马克思主义在教育领域的中国化，是新时期中国教育发展的必然要求，是新时代高校课程育人的显著标志。课程思政不仅是一种教育教学理念，更是一种以显性和隐形方式存在于各门各类课程中的思政课程体系，是通过教与学的活动实现育人的理念和实践，同时也是一种思维方式，是教师在教学过程中有意、有机、有效地对学生进行思想政治教育。深入挖掘体育课程和教学方式中蕴含的思想政治教育资源，让学生通过学习、运动实践，掌握体育运动的规律、事物发展的规律，通晓天下道理，丰富体育运动学识，增长见识，塑造品格，努力成为德智体美劳全面发展的社会主义建设者和接班人。大学体育课程思政是高校落实立德树人根本任务和发展学生学科核心素养的基础工程，是推进教学改革的重大举措。落实大学体育课程思政要做好教学设计，更新教育理念，明确教学目标，合理设计教学内容，革新教学方式与方法，完善教学评价，深入挖掘体育课程思政元素，具体做好"三环三段"式课程教学融入，将体育课程知识技能与思政元素有机融合。教师也要不断地思考、反省、探索和解决体育教育教学过程中存在的问题，针对当下大学生的价值观念、思维方式、学习方式、交往方式较之以往大学生的变化，对教育理念、教学内容、教学方式、管理手段做出调整。

第六节　美学视角下思政课实践教学研究

全国教育大会强调："坚持以美育人、以文化人，提高学生审美和人文素养""要努力构建德智体美劳全面培养的教育体系"。马克思主义认为，实践性是马克思主义美学的本质属性，我们需要从人的创造性实践活动中去理解"美"。思想政治理论课实践教学改革，以"美学"为视角进行实践教学研究，在教学内容上将人性之美、生活之美、自然之美、社会之美、科学之美、艺术之美等"主观美"与"客观美"融入教学过程；在教学方法上，创新富有感染力的、审美化的"三维七式"教学方法与手段；在教学效果上，实现美的发现、体验与创造，构建思政课实践教学的美学模式。这种实践教学的开展，有助于审美主体与客体的和谐统一和真善美兼备的"内修外塑"，促进思政课的思想政治教育功能性价值的发挥，促进人的全面发展。

一、探索美学视角下高职院校思想政治理论课实践教学的内涵"美"的存在与发现

围绕高职院校思想政治理论课实践教学的目的，在实践教学改革过程中，运用美学思想挖掘可融入思政课实践教学的科学之美、艺术之美、伦理之美。在认知目标方面，培养学生认知中国特色社会主义理论的逻辑美，认同中国特色社会主义道路的优势美，认可中国特色社会主义的制度美，认明中国特色社会主义文化的深厚美；在情感目标方面，厚植爱国主义情怀，激发学生贡献青春的激情和力量，培养学生的荣誉感、责任感和使命感；在能力目标方面，通过实践教学，使学生能够理论联系实际，有机会在实践中验证其所学理论知识

的科学之美和理性之美，形成正确的思维方式；在特色目标方面，紧密区域特色的资源之美、精神之美的教育，开展特色实践教学活动，致力于培养高素质、高技能的应用型人才。总之，通过"美"的存在与发现，培养学生正确的伦理赞赏与审美判断，引领学生对马克思主义理论、中国特色社会主义理论以及社会主义核心价值观的正确认知、认同与践行。

二、构建行之有效的美学视角下高职院校思想政治理论课程实践教学模式"美"的体验与创造

结合校园实践维度、社会实践维度和虚拟实践维度，运用审美式、体验式、感悟式、现场式、协同式、虚拟式、过程式等教学方法，构建涵养学生的性、情、品、格的"三维七式"审美实践教学模式。审美式就是运用校园、社会和虚拟3个维度中的自然界、社会生活、物质产品与精神产品中一切美的形式，给学生耳濡目染、潜移默化的教育，以达到美化他们的心灵、行为、语言、体态，提高道德与智慧的目的，培养他们感知美的能力；体验式即通过社会实践维度开展学工活动、学农活动等训练大学生劳动创造能力，让参加者提升生存和人际能力，改善人格和心理素质，培养他们体验自然之美、社会之美、人性之美的能力；感悟式就是利用案例美、声图美、逻辑美、语言美等烘托审美教学氛围；现场式就是运用中华民族优秀精神资源的"现场"来开展一堂思政课实践教学活动，通过思想的共鸣、情感的认同，春风化雨、潜移默化、入脑入心，增强思政课的政治性、思想性，现场式教学立足地方特色，探索与研究思政理论在实践教学中的融入；协同式就是强调实践育人共同体建设，思政课程与课程思政紧密结合；虚拟式就是利用互联网、手机客户端、VR虚拟仿真等信息技术开展实践教学活动，让思政课教育日常化；过程式就是构建过程化的实践教学考核评价体系，增强实践教学考核的严谨性、成绩构成的多样性与频繁性。

三、构建确保美学视角下高职院校思想政治理论课实践教学顺利实施的保障机制"真善美"的有机统一

思政课教师依托教育科学规划重点项目"美学视角下的思想政治理论课

实践教学研究"、教育科学规划重点项目"立德树人视域下大学生社会主义核心价值观教育'四位一体'模式构建与探索"等项目研究，积极探索确保美学视角下高职院校思想政治理论课实践教学顺利实施的保障机制。打破课程壁垒，制定规范的思想政治理论课实践教学"大纲"和"方案"，统一设置并统筹管理5门思政课程实践学时，纳入人才培养方案和教学计划之中，明确课时、时间、基地、人员，避免实践教学的随意性，使其有章可循，体现出实践教学改革的规范之美；对所有的实践教学统一规划、统一步骤、统一主题，统筹利用学校内外思想政治教育资源，开展丰富多彩的实践活动，形成思想政治教育合力，形成大德育体系，体现出实践教学改革的和谐之美。

总之，思想政治理论课实践教学"美学"视角下的改革，以马克思主义美学为理论基础，在思政课的实践教学中融入审美意识，重视人性中对美的品质的追求和实现，增强了教学的感染力与亲和力，实现了与社会主义核心价值观的共鸣与认同，是适应新时代新形势下人才培养新要求的有效做法。

第七节 高职学生就业技巧诚信求职，成就人生

一、高职学生就业技巧教学设计案例

（一）教学目的

诚信即诚实守信，是人类社会千百年传承下来的道德传统，是我们中华民族的传统美德。在高职学生就业过程中，"诚信"是一个绕不开的话题。然而近年来，随着我国高职院校毕业生的就业形势日益严峻，部分高职院校毕业生和用人单位出现了种种不诚信行为。这种失信现象的产生，不仅损害了毕业生和用人单位的合法权益，干扰了正常的就业秩序，也制约了高职院校毕业生的充分就业。

（二）教学设计

1. 课程导入

（1）视频。

（2）面试案例解析。

（3）小组讨论。在面试过程中所表现的哪些特点值得我们学习？各小组进行5分钟的讨论总结，进行分享。

（4）教师小结。从闪光点（诚信）、着装、能力三核（知识技能、可迁移技能和自我管理能力）、人职匹配等角度进行分析。

（5）应聘。在求职过程中，很多求职者都要求企业能够做到"诚聘"，但是自己在求职过程中却总是没有做到诚实。对企业坦诚是求职者应该必备的一项能力。诚实是相互的，企业做到信守承诺，员工才会死心塌地地为你办事。员工做到诚实守信，企业才会优待你，提携你。不管你是否能够得到工作，最基本的前提就是做人诚实，这是在生活和工作中都必须坚持的。主要体现在成绩要诚实、证书要真实、过去要坦诚、实践经历要真实四个方面。

2. 模拟面试活动组织

（1）每个小组推选一名选手抽签决定是面试官还是面试者。

（2）对学生面试官进行指导，让其在常见面试时的问题基础上，灵活提问，挖掘出面试者适应该岗位的能力。

（3）一般三位面试者，从每位面试者推门进入面试场所开始计时，面试时间五分钟。

（4）在面试环节，为增加未参与同学的积极性，增加面试者现场求助环节。如在某个问题难以回答时，可以邀请其他同学代为回答。

（5）面试结束，面试者进行自我评价，评委进行点评，教师总结三步走。

（三）总结分析

高职院校毕业生在求职的过程中，诚实守信的观念在某些高职学生的思想中并没有良好的形成，以至于在就业时形成了一个特殊的群体，总是想通过耍小聪明、投机取巧的方式去找到自己满意的工作，使得不诚信的现象时有发生。因此，在针对大学毕业生进行就业技巧的培养中应以诚信为基石，重点培养高职学生诚实守信观念的人格树立。

二、诚信融入课程思政意义补充

诚信是中华传统美德，也是构成我们为人处事的道德标准。对于个人而言，诚信是属于积极的价值观和道德观，从哲学上来看也是属于世界观，因此无论是对于个人而言还是对于整个社会的发展，都起到了积极的推动作用。

（一）从国家角度来看

当今世界，诚信乃立国之本，不仅在国际交往中同时对于教育人民也起到了重要作用，诚信文化也是社会主义文化的重要组成部分，对于提高国民诚信度、树立我国在国际信誉起到了重要作用。

（二）从个人角度来看

诚信不仅仅是美德同时也是一种职业道德，更是工作和学习必须要具备的基本素质。中华历史上下五千年，关于诚信的名人名事数不胜数，这就反映出自古以来我们就极其重视诚信，也从来没有改变过。开展诚信教育不仅可以继承中华民族的优秀传统，同时也能够促进小学生形成良好的道德价值观。

总之，在目前中国的就业形势下，求职者面对的竞争越来越大，企业对求职者的要求也越来越高。求职择业也成为大学生在人生道路上面临的一次重要抉择。找到一份自己心仪的工作，是所有盼望早日就业的大学生的共同心愿。然而，成功就业是诸多主、客观因素共同作用的结果。就主观方面来说，能否成功就业，不仅取决于大学生自身的综合素质，而且与大学生在求职择业中能否采用成功的就业方法与适宜的求职技巧有着密切的关系。

作为求职者综合素质的一个方面，求职技巧实质上体现了求职者的多种能力和素养，可以让求职者展示自我风采，获取沟通机会；完成自我推荐，赢得对方认同；实现自我价值，达到人职匹配。但在现实求职中，为得到某一职位，出现了伪造工作经历、夸大工作能力、伪造学历、面试爽约、未如约入职等各种求职者不诚信的现象。因此，在就业技巧中要强调诚信的重要性。

第六章

物流类专业课程思政实践教学点的挖掘

- 第一节　物流管理专业课程思政实践教学研究
- 第二节　现代物流管理基础课程思政教学与实践
- 第三节　物流系统仿真课程思政建设与实施路径
- 第四节　智能仓储与配送管理实务课程思政教育与专业教学的融合策略
- 第五节　物流信息技术课程思政的研究与实践
- 第六节　运输管理课程中融入思想教育的研究与实践

第一节　物流管理课程思政实践教学研究

为深入贯彻落实用好课堂教学这个主渠道的要求，回答好为谁培养人的根本问题，根据教育部关于《高等学校课程思政建设指导纲要》精神，在人才培养过程中要将价值塑造、知识传授和能力培养三者融为一体，寓价值观引导于知识传授和能力培养之中，塑造学生正确的世界观、人生观、价值观。[①] 高职院校教师需要根据各类专业课程的教学目标和要求，主动深入挖掘梳理专业课蕴含的"课程思政"元素，推动思想政治教育与专业教育深度融合，注重在潜移默化中把"家国情怀、法治意识、社会责任、文化自信、人文情怀、职业道德、人文素养"等与社会主义核心价值观相关的德育元素贯穿人才培养全过程，实现人才培养、为党育人和为国育才相统一。[②]

一、《物流管理》课程思政

近几年，虽然全国物流业处于快速发展阶段，物流技术装备机械化及智能化程度提升很快，但是很多地方物流企业依然以提供传统物流服务为主，仍然以提供简单的仓储、运输、配送服务为主，难以达到智能储运、信息化管理的运作水平，企业员工劳动强度很大。[③] 学习物流管理、物流工程专业相关的学生结束大一、大二年级的通识课学习之后，需要到物流企业、快递公司参加物流专业的认知实习。实习过程中，相当一部分学生对物流行业工作环境不满意、缺乏职业价值认同感，认为物流行业工作很辛苦，技术含量低，搬箱子、送货，对物流业就业前景不太看好，缺乏扎根本行业的职业精神，不愿意到物流企业基层岗位工作。简单的物流业务不吃苦，不想干，难度大的工作能力又缺乏，没法完成任务；学生自我定位很高，不愿意和企业员工合作，工作不主

[①] 王秀敏. 大学物理实验课程教学中课程思政的实践与探索 [J]. 教育现代化，2019：76.
[②] 王秀敏. 大学物理实验课程教学中课程思政的实践与探索 [J]. 教育现代化，2019：76.
[③] 余名宪. 思想政治教育融入专业课程的改革与实践一以"仓储机械操作"课程为例 [J]. 职教通讯，2019：76.

动，不积极，缺乏奉献的工作情怀。

《物流管理》是这些学生结束物流认知实习后，即将学习的专业核心课《物流管理》课程主要介绍物流学的发展、物流系统的分析、物流的基础活动管理，涉及运输管理、仓储管理、配送管理、物流企业管理第三方物流管理、物流信息管理、国际物流管理等专业理论知识。通过本课程的学习，要求学生掌握物流管理的基本理论、基本知识和基本技能；了解运用现代管理理论和经济学的知识分析物流企业运作环节存在问题的方法；提高学生参与物流业务运作的操作能力和管理素质。面对这些实习后对物流行业缺乏正确认知的学生，仅讲授专业知识学生学习主动性不高，教育引领学生热爱物流专业作用是苍白的。只有在结合课程特色的基础上，坚持立德树人，以德为先的育人理念，强化"德技双修、全面发展"的人才培养质量标准，深入提炼《物流管理》课程中德育思想政治元素，积极弘扬扎根边疆、艰苦奋斗的"胡杨精神"，收集物流行业团结协作、刻苦钻研的资料、案例，为实施课程思政打好良好基础。努力增强学生的民族自豪感和使命感，在"润物细无声"的专业知识学习中，培育具有优秀职业素养同时具备专业技能的人才，为学生以后走向工作岗位打下坚实的"三观"基础。①

二、课程思政实践教学体系构建

（一）课程思政建设现状

课程思政建设强调各类课程与思政课程同向同行，将显性教育和隐性教育相统一，形成协同效应，构建全员全程全方位育人大格局。在此方针的指导下，物流管理专业教研室积极响应，经深入探讨认真研究后对理论课程教学大纲重新进行了修订，加入德育目标，加强每门专业课程的思想引领，同时任课教师根据具体课程内容设计课堂教学中融入各类思政元素，并应用于在线教学中，任课教师对课程设计、课程考核、评价反馈等方面也在进行进一步的探索。

目前，专业课程思政建设已覆盖了全部理论课程。高职院校人才培养目标的实现不仅有赖于理论课程教学，对于应用型本科院校，实践课程体系的成熟和完

---

① 李杰辉，方杰．金融工程学教学中德育内容融合之探讨［J］．思想理论教育，2019：77．

善更具有现实意义。因此，实践课程须与理论课程、思政课程同向同行，在教学软、硬件及师资队伍的支撑下构建融入课程思政的理实一体化教学体系，才能培养践行社会主义核心价值观，具有社会责任感、公共意识和创新精神，适应地方经济建设需要，具备人文精神与科学素养，掌握现代物流及供应链管理理论及方法，具有国际视野、本土情怀、创新意识、团队精神和沟通技能，能够在企事业单位、行政部门等组织从事物流管理工作的应用型高级专业人才。

（二）构建课程思政实践教学体系

实践教学课程体系包括实训课程、实习、社会实践及毕业设计。结合学校发展定位和人才培养目标，学院物流管理专业实践课程包括军训、实训课程、实习和毕业设计、第二课堂。其中第二课堂涵盖丰富的实践活动形式，包括思想成长类、创新创业类、文体活动类、社会实践类、志愿公益类、工作履历类、技能特长类等活动形式。本部分将在现有实践课程框架下构建全面覆盖、类型丰富、层次递进、相互支撑的课程思政实践教学体系。根据实践课程开设时间及其对应思政内容供给着重点的不同将实践课程体系从时间和空间两个维度分为四大模块。

1. 思想认知实践模块

本模块课程包括军训和认识实习，开设时间在大学一年级，在时间上与思政课程同步，能进一步坚定学生理想信念，与思政的融合点强调爱党、爱国、爱社会主义、爱人民、爱集体，培育和践行社会主义核心价值观。

军训是高职学生进入大学校门必经的第一课，具有较强的实践性，同时隐含着丰富的思政元素，是加强学生国防意识，强化爱国主义情怀的天然沃土，是培育学生理想信念的特殊契机。通过军事训练，使学生掌握基本的军事技能和军事理论，增强国防观念、国家安全意识，加强学生的组织性、纪律性，弘扬爱国主义、集体主义和革命英雄主义精神，磨炼意志品质，激发战胜困难的信心和勇气，培养艰苦奋斗、吃苦耐劳的作风，树立正确的世界观、人生观和价值观。

这一实践环节作为大一新生的必修课起着思想引领、价值塑造、品格养成的关键作用，学院通过加强组织领导，成立军训办公室，协同有关部门配合，按照动员、施训、评比、阅兵等步骤有研展军训工作，并通过丰富多彩的学习内容，将爱国主义、理想信念、国家安全、紧急救护、消防安全教育贯穿到军训的全过程。认识实习是物流管理专业集中实践环节之一，通过这一实践性教学环节，使学生了解物流企业和企业物流部门门的物流管理和物流经营现状，加深对企业物流管理活动的感性认识，巩固所学理论。并通过实习调研活动，锻炼学生分析实际问题的能力，培养认真、严谨的工作作风和学习态度。认识实习中，选取诚信经营、求实奉献、服务社会的企业进行参观，让学生深刻体会企业的核心价值观；邀请优秀的企业家以讲座的形式讲述其创业历程，让学生从中感悟企业家的品格、思想、责任、创新及永不放弃等优秀品质。

2. 专业实践能力模块

该模块课程是学生对专业学习进入到核心阶段所开设的实践课程，集中于大二、大三年级，着重培养学生扎实的专业理论知识、过硬的专业技术能力，具有很强的操作性及专业导向性和职业指向性。与思政的融合点强调学思结合、知行统一、创新探索。专业教师应引导学生深入社会实践、关注现实问题，培育学生经世济民、诚信服务、德法兼修的职业素养。

本模块包括专业基本技能实训课程以及设计性、综合性实践能力拓展课程。专业基本技能课程包括物流信息管理实训、市场营销模拟实训、SPSS 实训、仓储管理实训、供应链管理实训、人力资源管理实训；设计性、综合性实训课程包括物流系统设计、创业沙盘模拟实训、物流综合实训、虚拟商业社会经营实训。在课内实际操作中，教师要根据学生需求、成长规律和价值取向对课程内容进行重新设计，多采用启发研讨式教学方法和案例教学方法，增强师生互动，给予学生思考的机会和发表观点的话语权，在对话中引导学生的思想政治方向，转化对学生的价值传输。

课堂之外教师结合专业特点积极举办思政教育特色的主题活动，一方面以供应链协会等社团为载体，在社团组织结构设置、换届选举等管理中融入我国特色社会主义的制度模式，以引导者、支持者的角色给予学生更多的自我管理和自我教育的权力，使学生真正在实践中得到成长；另一方面广泛利用社会资源，借助实习实训基地，基于社会需要开展与课程相匹配的服务学习活动，使学生的课程学习和社会需要连接，把学科小课堂和社会大课堂结合起来，从而将思政元素渗透到校内校外的课程实践中，增强课程思政建设的实效性。

3. 创新创业能力模块

这一模块主要包括专业实习、毕业实习及毕业论文实践活动。该阶段要求学生在完成大部分专业课学习任务的基础上，进行实际操作练习，使学生了解物流相关领域管理活动的主要内容和基本规则，运用专业知识对现实问题进行综合性的研究，突破原有思维模式提出解决方案，从而获得职业情感、适应社会工作。与思政的结合，点强调爱岗敬业、创新探索、学术诚信、实干兴邦、建设国家的家国情怀。该阶段鼓励学生积极参与创新创业大赛及学科竞赛，培养学生深度分析、大胆质疑、勇于创新的精神和能力。

4. 第二课堂

除了上述三大实践教学环节，学院开设的第二课堂贯穿学习过程的始终，从而保证学生四年在校期间实践活动的承接性和连续性，促使学生的实践能力和创新能力渐进式稳步提升。第二课堂育人作为高校人才培养的重要载体，是第一课堂教学的补充和延伸。学院第二课堂包括思想成长类、创新创业类、文体活动类、社会实践类、志愿公益类、工作履历类、技能特长类等内容广泛、形式多样的实践活动。其中创新创业类划分成、学科竞赛、创新创业类竞赛等多个分项，与第一课堂的教学、科研紧密相关，因此在实践中应加强第一课堂与第二课堂的互动互融、互补互进，形成团委、教学及科研单位多部门联合构建协同育人的机制。

三、《物流管理》课程开展思想政治教育的途径探索

（一）提高教师对课程思政教育教学的认知

学校鼓励教师不断更新课程思政教育教学理念，积极探索课程思政的新模式、新方法，增强教师的责任感和使命感。自觉践行教师职业道德规范，做到以德立身，真正把教书和育人结合起来。发挥思想政治课专业教师业务优势，进行有针对性、示范性的指导，不断提升专业课教师课程思政知识储备和能力。学院定期邀请思想政治专业教师及行业专家作思想政治教育专题报告，组织教师参加课程思政培训和学习，交流研讨课程思政的教学模式、经验，提炼与教学内容相关的思想政治元素，完善教学案例，提升教师课程思政教书育人的能力。

（二）修订课程教学大纲，构建素材案例库，提升课程思政实效

修订《物流管理》课程教学大纲，把思想政治教育落实体现在教学计划、教材选用、教学内容、教案课件、试题编写等教学全过程，结合课程特点深入挖掘课程思政元素并有机融入。学校在指导各教学单位专业课教师深刻理解学习新时代中国特色社会主义思想、中华优秀传统文化、国史党史、国情区情、校史校情的基础上，鼓励构建课程思政素材库和案例库，丰富课程思政教学资源与案例，激发学生学习兴趣和潜能，弘扬社会主义核心价值观，传播辩证唯物主义的观点和方法，宣传家国情怀、爱国主义、求真励志和工匠精神，培养学生科学态度、科学精神、创新实践能力和文化素养，塑造崇高道德和高尚品质。

（三）重视实践教育环节，培养学生的职业责任感

《物流管理》课程除了课堂专业理论的传授，还有在校企实践基地实习实训环节。在实习劳动过程中，给学生尽量创造在企业轮岗实习的机会，了解企业物流业务管理办法、企业文化、企业对物流人才的要求。充分利用好实训机会，注重引导学生在实践中学习，将实践经历与理论学习相结合，准确进行专业定位和专业认知。引导学生提升对行业的敬畏和热爱，只有爱上自己的专业，才能乐于奉献。将物流管理课程课内与课外相结合、课堂与社会相结合，充分发挥教学和实践协同育人的合力作用。努力培养学生的吃苦耐劳，敬业奉献精神，诚信服务、与他人协作能力的职业素养，深刻理解行业质量意识、安全意识、团队意识、企业忠诚意识，让学生逐步树立工匠精神的理念。[①]

（四）加强课程思政教学质量评价体系建设

把课程思政理念融入评教评学标准，把"价值引领"作为重要的评教评学评价指标。细化评价内容与指标，建立课程思政教学效果评价体系。落实随堂听课制度，加强教学管理。严格执行督导评课、同行听课、学生评教三级课程

---

① 吕林欣，葛建军."五步走"做好专业课程思政的顶层设计以《全国导游基础知识》课程为例［J］.教育现代化，2019：79.

评价,在听课记录中要体现课程思政内容,在听课评教体系中体现德育评价标准。[①]根据课堂授课过程中的学情教情,课程思政融合程度给予指导评价。强化学生对教法与教学效果的感受与评价,培养学生的健全人格。

四、融入思想政治元素的《物流管理》课程建设思路

(一)培养目标体现思想政治元素

《物流管理》课程培养目标不仅要有教学目标,而且要有思想政治目标,可以细分为素质目标、知识目标和能力目标。教学目标要建立与学生就业岗位素养需求、思想政治教育之间的关联,以此达到学生在专业课程学习中提升思想政治素养的目的,培养学生具有良好的职业道德和严谨的科学态度,能严格遵循企业和岗位的行为准则和行业法规,专业课程讲授不仅传授专业理论,而且以德育人。突出培育学生求真务实、实践创新、精益求精的工匠精神,培养学生成长为心系社会并有时代担当的物流领域技术人才。

(二)改革教学方法

《物流管理》课程教学中有机结合思想政治教育的学科思维,依照教学大纲,充分挖掘蕴含在专业相关知识中的思想政治元素,将社会主义核心价值观融入课程教学内容。坚持"以学生为中心"的原则,了解学生对物流行业工作的理解和期盼,开展互动式、研讨式课堂教学模式,加强师生间互动交流,潜移默化中塑造其良好的人文精神,提升学生的职业认同感。

教学手段和方法尽量灵活和多样化,要充分借助线上教学资源,推进线上课程思政建设,将责任担当、大爱无疆等职业操守融入在线课程教学中,提高线上课程育人效能。可以开设讲座、专题等形式宣传我国物流行业发展历程和趋势等方面内容,引导学生了解物流工作特色,厚植"物流人"情怀。重视实践环节,积极为学生创造实习参观机会,严格按照教学计划带领学生到物流企业实习,请行业专业人员给学生介绍从业经历和感受,引导他们了解行业、认清自我、展望未来。增加学生对物流管理实践的感性认识,培育学生勇于探索

[①] 张华,董骁.传感器原理课程中思政教学的路径初探[J].思想理论教育,2019;79.

和创新的精神。紧密结合热点事件、时政新闻等，积极对《物流管理》课程思政教育的意义进行了分析，它是实现立德树人根本任务的必然要求。

无论从教师的思想认识上，还是从课程设计、教学考核与评价上《物流管理》课程教学都应重视专业教学与思想政治教育的结合，专业课的思政教育需要结合专业的特点挖掘思想政治元素，将其有机地融合到课堂及实践教学中。让学生既懂物流作业管理方法，也能担当物流强国职责和使命，具备团队合作与敬业的职业精神，引导同学们理解、领悟、认同并践行一个"物流人"的责任与使命。

第二节 仓储管理课程思政教学与实践

近年来，我国高度重视并稳步推进课程思政建设。然而，物流管理专业课课程思政建设存在育人机制不完善、教师课程思政能力不足、课程思政实施效果评价不充分等问题。因此，文中针对以上问题，以《仓储管理》课程为例，探讨物流管理专业课课程思政的建设与实践，提出过程评价与结果评价相结合、教师评价与学生自评相结合、定性评价与定量评价相结合的课程思政教学效果评价方法。

一、《仓储管理》课程思政建设的现状

目前，物流管理专业教师对于课程思政的设计与实践尚处于起步阶段，存在思政育人机制不完善、教师课程思政能力不足等问题，仍然存在专业教育和思政教育"两张皮"的问题，如所选取的思政元素与课程内容结合不够紧密，甚至出现思政案例与课程不相关，导致思政教育痕迹明显，未能起到"隐性教育"润物无声的育人效果。《仓储管理》相关课程的课程思政建设取得了一些成果和经验，将思政教育目标融入专业课程教学目标，通过挖掘课程中的思政元素，梳理教学内容与思政教育的融合点，设计合适的思政案例，采用"双线并行"翻转教学模式、基于现代学徒制的校企共同育人、体验式与探究式教

学、实践教学等教学方法。

已有研究能为《仓储管理》课程中思政元素的挖掘、思政案例的积累、融合方法的选择提供参考。然而，关于物流管理专业课课程思政实施效果及质量评价的研究尚少，仅有几位学者对《仓储管理》相关课程思政教学目标达成效果、教学改革实施效果、教学效果及反馈进行了主观评价尚未出现采用定量的方法客观评价《仓储管理》课程思政实施效果的研究。因此，本文拟在前人研究的基础上，按照《高等学校课程思政建设指导纲要》的指导要求，对《仓储管理》课程思政进行系统的设计，并提出定性与定量相结合的课程思政实施效果评价方法。

二、《仓储管理》课程思政的建设与实践

按照"挖元素–定目标–想办法–做评估"4个步骤进行《仓储管理》"课程思政"设计，首先挖掘课程内容中的思政元素，然后围绕我国社会和经济的发展需要学校的办学定位、专业人才的培养方案制定课程目标，根据所挖掘的思政元素和课程的特点，确定将思政元素融入课堂教学的方式和方法，最后设计课程思政实施效果评价方法，对育人效果进行评价。

（一）思政元素的挖掘

《仓储管理》是物流管理专业本科生的专业必修课，是一门综合性和实践性较强的课程，涵盖仓储收货、存货与发货管理、仓储商务管理与成本控制、现代化的仓储管理、储存规划、保管养护、装卸搬运、库存管理等方面的理论知识，涉及仓库收存发管理实务、仓储设备的选择、仓储合同与仓单的运用、仓库的规划与设计等实际操作技能，课程内容蕴含丰富的课程思政元素。经过深入挖掘，梳理出以下思政元素：①我国古代的仓库与仓储活动（中华传统文化与智慧教育）；②我国仓储管理的历史演进（爱国主义教育）；③仓储管理的规章制度（职业道德与修养教育）；④危险品仓库的管理（安全和责任意识教育）；⑤仓储合同与仓单（法治教育）；⑥智能仓配技术（创新精神、爱国主义教育）；⑦绿色仓配技术（生态文明建设、可持续发展教育）；⑧仓库规划与设计（工匠精神、吃苦耐劳）。

(二）课程目标的制定

表 6-1 《仓储管理》的课程目标

课程目标		
课程目标	价值目标	1. 正确理解我国物流发展战略规划，明确仓储管理对我国社会经济发展的影响； 2. 正确认识仓储管理理论与实践的重要意义，树立职业认同感； 3. 形成数字化智能化绿色、精细、安全的仓储管理意识； 4. 培养具有爱国情怀、社会责任、崇高理想、爱岗敬业、遵纪守法、理论扎实、实操过硬的物流管理人才
	知识目标	1. 了解国内外仓储管理的发展现状及最新趋势； 2. 识别仓储管理中的问题，如仓库的选址、仓库规划与设计、仓储设备的选择、仓库堆垛与衬垫数量的确定、特殊物品的保管与养护、仓储合同纠纷、订单处理排序、拣选方式的选择、配送路线设计等； 3. 理解并掌握仓储管理的业务流程、基本理论、技术与手段，如仓库的收存发流程、分区分类、先进先出、经济型订货批量、节约里程法、ABC 分类、EIQ-PCB 分析等； 4. 综合运用仓储管理的技术手段，对具体仓储管理实例进行分析，对已有方案进行评估，提出改进措施，设计新的方案
	能力目标	1. 提高运用科学方法分析与解决实际问题的能力； 2. 提升资料整理与展示，数学计算、WMS 系统、Auto CAD 软件等操作技能； 3. 增强统筹规划、协调管理、沟通表达、团队合作的能力

《仓储管理》的课程目标由价值目标、知识目标和能力目标三部分组成（见表 6-1）其中价值目标对该课程的人才培养类型进行了准确刻画，也是《仓储管理》课程思政的育人目标。通过课程内容的教授，不仅要让学生认知、领会、应用、综合和评价课程的知识点，增长与课程相关的技能，而且要通过课程思政达到帮助学生形成正确世界观、人生观、价值观和行业观的目的。

（三）思政融合的设计

围绕思政元素，紧密结合课程内容，选择相应的思政案例，采用历史讲述、榜样人物事迹学习、仓库现场参观与交流、新闻报道分享、法律条例学习、法律案例分析、国家战略及规划的讲解、观看行业会议、参观物流展会、企业案例讨论课堂展示、实例演练等形式多样的思政融合方法，在完成课堂知识点学习的过程中实现育人目标。《仓储管理》课程思政总体设计如表 6-2 所示。

表 6-2 《仓储管理》课程思政总体设计表

教学内容	知识点	育人目标	融合方法	文件/报道/案例/活动的名称	评价方法
仓储管理概论	我国仓储活动沿革	弘扬与传承中华民族的传统文化与智慧	历史讲述共情法	图文识"仓"——辨别汉字"囷""廪""窦""窖";河北省武安市磁山文化遗址——储粮窖穴;西安半坡村仰韶遗址——我国最早仓库的雏形	过程评价结果评价
仓储管理概论	仓储管理意义	爱国主义精神和社会责任感,树立职业理想	课堂展示共情法,做中学	我国抗战时期的仓储管理	过程评价结果评价
仓储收货、存货与发货管理	仓储管理的规章以及危险品	培养职业素养和爱岗敬业精神	榜样人物仓库现场参观共情法,做中学	顺丰快递小哥汪勇"感动中国"事迹;广州荣庆物流供应链有限公司仓库参观	过程评价
保管养护仓储商务	仓库的管理	明确岗位责任,遵守岗位纪律,安全和责任意识教育	新闻报道,例分析共情法,做中学	天津港危险品仓库爆炸案	过程评价结果评价
管理与成本的控制	仓储合同以及仓单	培养法治意识,形成守法习惯	法律条例法律案例做中学	《合同法》第二十二章仓储合同;水果店诉仓储公司仓单与仓储合同不符纠纷案	结果评价
现代化的仓储管理	智能仓配技术	培养创新精神;激发家国情怀和民族自豪感,增强行业认识,形成职业认同	国家战略与规划行业会议行业展览企业案例课堂展示共情法,做中学	我国"创新驱动发展战略;全球智慧物流峰会、全球智能物流峰会;汉诺威中国广州物流展;京东亚洲一号菜鸟网络;智能仓储与配送技术汇报	过程评价结果评价
现代化的仓储管理	绿色仓配技术	培养生态文明的建设、可持续发展的理念	国家及地方的战略与规划课堂展示做中学	中华民族生态文明发展模式;《绿色仓储要求与评价》(SB/T 1164—2016);绿色仓储与配送技术汇报	结果评价
仓库的规划与设计	仓库的设计	弘扬工匠精神,培养吃苦耐劳品质	实例演练做中学	堆垛层数、衬垫数量的计算;药品仓库平面设计图绘制	结果评价

"共情法"和"做中学"是提高课程思政效果的有效手段，由于该课程的实践性较强，因此，《仓储管理》课程内容与思政融合大多采用了"做中学"的方法，让学生通过参观仓库、逛物流展会案例分析实例演练、课堂展示、绘图制作等课堂和课外的教学活动，提高学生的参与度，发挥主观能动性，促进学生深刻领悟活动中蕴含的道理。在讲解"我国古代仓库遗址"、学生分享"我国抗战时期的仓储管理"、观看《榜样5》中顺丰快递小哥汪勇"感动中国"事迹、观看天津港危险品仓库爆炸案新闻报道、观看全球智慧物流峰会和全球智能物流峰会学习京东亚洲一号和菜鸟网络等我国成功企业经验时采用"共情法"，让学生从情感上加深认识。此外，在学期初对学生进行分组，每4-5位同学为一组，共安排3-4次小组作业，要求学生以小组为单位完成资料收集、报告撰写、汇报展示，让团队协作精神的培养贯穿整个课程。

（四）实施效果评价体系的构建

课程思政实施效果评价是课程思政建设的重要环节，评价应遵循的原则包括：对思政培养的目标结合课程目标进行评价，过程评价与结果性评价、教师评价与学生自评结合，评价指标可测量，评价应实现学生的可持续发展。《仓储管理》课程思政实施效果评价包含对课程目标达成效果、课程思政教学改革效果、课程思政教学效果三个方面的评价。其中，对课程目标达成效果和课程思政教学改革效果的评价采用定性评价、教师评价的方式，而对课程思政教学效果的评价采用过程评价与结果评价相结合、教师评价与学生自评相结合、定性评价与定量评价相结合的方式（见表6-2）。

对课程思政教学效果的评价考察《仓储管理》中8个思政元素育人目标的完成情况，结合每个思政元素所对应的融合方式来选择评价方法。当融合方法为"共情法"时，可进行过程评价，即教师对实施课程思政前后学生的情绪、态度、反馈等方面的变化进行细致观察，并进行定性评价；当融合方法为"做中学"时，可进行结果评价，教师统计学生在随堂测试、课堂展示、实例演练、课后作业、期末考试中的完成情况，进行定量评价。另外，还可以采用问卷调查的方式，开展学生自评，进行定性和定量评价。对于部分既需要进行过程评价又需要进行结果评价的思政元素，可设置权重，进行综合评价。根据评价结果，结合育人目标查找差距，进一步完善各思政元素的融合方法和思政案例，不断提高育人效果。

针对物流管理专业课课程思政设计与评价中存在的问题，以《仓储管理》课程为例，深入挖掘思政元素，明确育人目标，设计思政融合方法和思政案例，构建课程思政实施效果评价体系，提出过程评价与结果评价相结合、教师评价与学生自评相结合、定性评价与定量评价相结合的课程思政教学效果评价方法。通过课程思政的建设与实践，提升物流管理专业教师的思政能力与素养，丰富课程的教学资源，创新教学模式与方法，在改善育人效果的同时提高教学质量。

第三节　物流系统仿真课程思政建设与实施路径

课程思政是指在专业课程教育中融入思想政治理论，达到协同育人的培养目标。在具体建设中，其关键是如何在专业课程体系中挖掘思政教育资源，寻求建设与实施路径。《物流系统仿真》是一门以物流系统知识为基础，以现代物流系统规划等为课程理论，以仿真模拟实训及方案设计优化等为主要内容的课程。该课程在物流专业课程体系中具有广泛代表性。因此，提出《物流系统仿真》课程思政的建设与实施路径，不仅是本门课程教学改革的内在要求，也是本专业课程思政体系建设的典型示范。

一、《物流系统仿真》课程思政建设的必要性

（一）提升教师育人高度

《物流系统仿真》涵盖了计算机类、管理类、统计类等多门综合性的学科，要求学生将物流系统理论知识融入仿真实践。在教学中，教师需要打破传统教学模式，必须站在国家发展战略高度上，深化该课程的思想引导境界，更好地培育物流专业人才。

（二）提高学生思想深度

大学生普遍缺乏自我约束力，在学习过程中偏向形式化，对国家发展动态关注度不够，尤其在《物流系统仿真》课程学习中。因此，该课程迫切需要融入思政教育理念，引导学生明确仿真对物流发展的贡献力度，以更积极的态度学习该课程。

（三）完善职业素养培养目标

《物流系统仿真》课程在实践环节中，设计或优化方案过程需要不断克服多种因素影响。因此，学生需要具备工匠精神寻找系统最优方案，而该课程的思政建设，正与培养目标相契合，是完善学生职业素养培养目标的重要途径。

二、《物流系统仿真》课程思政的建设思路

（一）强国建设是物流系统仿真的思想引导

《物流系统仿真》课程讲授仿真原理、物流方案设计、方案优化、计算机操作等。物流系统仿真一是要最大限度模拟物流实际运作，二是要最大可能实现物流方案优化。从作用角

度讲，仿真促进了物流系统承载力的提高，提升了社会运作效率，更加快了强国建设速度。因此，每一个教学环节都要明确其对强国建设的作用和贡献。

（二）工匠精神是物流系统仿真的过程指导

物流系统仿真实践是该课程的核心部分，根据实践过程可分为基础仿真与优化仿真。在仿真模拟过程中，产品出入库时间、产品库存分布等都需不断改变参数重复实验，这就要求学生具备不抛弃、不放弃的精神，在失败中积累经验，寻求物流系统最优方案。因此，工匠精神是该课程的过程指导。

（三）科学创新是物流系统仿真的发展领导

我国物流行业经历了粗犷式产品仓储和运输，到改革开放后，现代物流初步探索和实践，再到现代物流转型与规划，到如今，我国物流行业数字化技术的普及。通过讲述中国物流发展历史，体验现代技术在物流中的影响作用，明确仿真技术对物流系统创新发展的推进作用，坚定学生"四个意识""四个自信"，增强学生民族复兴的斗志。

三、《物流系统仿真》课程思政的实施路径

（一）思政与教学目标的融合

《物流系统仿真》课程的教学目标，一方面是要求学生掌握物流系统设计及仿真原理的基本知识、基本方案，另一方面，要求学生在日常学习中紧密结合强国建设的时代要求，提高个人发展目标，增强"四个意识"与"四个自信"，树立工匠精神和科学创新精神。这些理念将成为思政融入课程的纽带，将"三全育人"，立德树人在该课程的教学中落实。

（二）思政与教学内容的融合

思政与教学内容的融合主要体现在教材和教案中，而编著适合本校本门课程的课程思政教材周期较长，教案的落实成为最直接有效的方式。在《物流系统仿真》课程教案中，可根据每次课的教学目标设定知识层级，以国家战略规划案例，如"一带一路"建设等，明确教学内容和手段，使学生身临其境感受该课程在国家发展中的重要作用。

（三）思政与教学方法的融合

依据《物流系统仿真》课程思政建设要求，适当改革教学方法，如将任务驱动与案例分析相结合混合教学法，可以学习物流政策为任务，结合物流企业案例，强化学生对物流政策、物流企业发展的理解和把握。还可通过改革教学手段，达到课程思政教学目标。如CAI课件教学，通过仿真软件的实际操作

来锻炼学生的动手实践能力等。

四、典型案例分析

（一）课例情况概述

课程旨在通过各种的仿真实验，提升学生对物流系统的实际运作模式和具体的要求以及对物流系统的内部逻辑关系的认识。加深学生对物流系统运作原理及相关基础理论知识的理解。学生通过自己设计搭建各类的物流系统，掌握物流各个子系统的构成原理、部门之间的协作关系。

开设《物流系统仿真》课程授课专业为物流管理本科专业，授课对象为物流管理专业学生。典型案例的节选案例为《诚实地获取仿真数据、客观分析仿真问题》，其教学目标是培养学生客观获取仿真数据并客观分析仿真对象存在的待优化问题，并提出切实可行的优化方法。培养学生诚实守信、客观待事的态度。

（二）课程思政的思路

核心思想旨在培养学生需要将诚实美德与客观看待事物的精神作为，将社会主义核心价值观中的诚信美德付诸实践。希望通过学习培养学生懂得客观分析问题，诚实获取数据。树立正确仿真思维，尊重事实，尊重分析结果。进而培养学生正确的世界观、人生观、价值观；具有积极、乐观、诚实的工作态度。

教育的本质是培养学生成为有道德、有文化、有纪律的新一代接班人。这些美好的思想品德要求教育工作者需要在平时的教育教学过程中进行积极引导，并在课程内容中体现。物流系统课程作为学科必修课，课时量比重较大，因此在日常教学过程中，授课老师必须将德育教育在课程内容中体现。

课程旨在培养学生进行模型仿真时，懂得实事求是、客观地完成仿真实验。内容培养学生的思政教育内容如下：

（1）获取配货作业原始数据要求真实。

（2）作业流程问题分析力求客观精确。

（3）实验分析结果客观严谨。

（三）课程思政的教学设计

1. 课程采用的教学手段

（1）PPT 讲授理论知识点。

（2）Flex sim 仿真软件实例操作演示模型构建。

课程选择的教学内容旨在培养学生客观获取仿真数据，客观分析仿真问题的态度。因此，在教学内容设计上理解数据输入真实、仿真模型设计客观，问题分析客观，优化方案切实可行。力求在仿真分析过程中，保证所有流程都做到真实可靠。

2. 教学内容

（1）如实输入仿真所需的输入数据，设置生产线生产产品类型。

（2）设置临时实体在到达的过程中实体按照正态分布时间到达。

（3）设置临时实体类型在类型 1-5 五个类型之间服从均匀分布。

（4）设置产品被送到检测车间的暂存区参数。

（5）对 3 个操作员协同作业进行参数设置。

（6）设置检测器及传送带参数。

（7）根据客户订单信息设置装配货信息。

（8）设置货架堆放参数。

3. 教学过程设计如下步骤进行

（1）回顾上节课程知识点。

（2）申明课堂纪律，提倡仿真分析力求实事求是，数据分析真实客观思政精神。

（3）解读本次授课案例背景。

（4）布置学生根据案例背景独立完成模型构建并完成分析报告。

（5）邀请学生进行成果展示。

（6）提问其他同学关于模型设置难点问题。

（7）根据学生成果展示及问题提问效果进行知识点讲解。

（8）邀请同学谈谈关于仿真数据诚实守信精神的重要性。

（9）演示完成关于案例完整的模型构建过程。

（10）督促学生完成课程报告。

（11）布置学生完成下节课预习工作。

（四）课程思政的教学效果

在课程学习过程中，大部分学生保持着良好的诚实获取数据、客观分析问题良好学习态度与做事风格。几位同学在学习过程中，存在分析问题受主观意思影响，但经过积极引导，最终均意识到客观分析问题学习态度的重要性。

因此，本次课程的教学对于培养学生良好的学习态度有着重要的引导作用，在本门课程的后续章节教学中，将继续积极引导学生诚实守信、客观分析问题的学习态度。

第四节　智能仓储与配送管理实务课程思政教育与专业教学的融合策略

新时代背景下，高校思想政治教育工作也有了新的目标和要求，"课程思政"应运而生，不仅设立专门的思想政治课堂，还要求各学科、专业的课程教学中都融入思想政治教育的内容，实现全方面思政教育体系。高校教师在教学过程中也要融入思想政治教育，加强对中国传统文化的教育，弘扬爱国主义和创新的时代精神，提高学生的思想政治水平。以《仓储与配送管理实务》为例，深入分析研究"课程思政"在该学科中的实践策略，验证其在课堂教学中的重要性。

一、仓储与配送管理实务教学特点

随着社会的发展，电子商务的流行，物流已经深入到每个人的生活，让消费者的生活更方便快捷，近年来物流产业的发展也越来越规范化、标准化，仓储和配送的重要性也不言而喻。物流行业的发展重点是货物的仓储和配送，

《仓储与配送管理实务》则是一门以仓储配送为核心，研究其管理方法和技术应用的学科，同样也是一门实践性较强的专业学科。要培养物流行业人才首先要提高自身的长处和配送水平，但高素质人才除了具备专业的技术和管理知识外，其思想道德水平也是重要的考核项目，这同样也是物流行业培养人才的重要基础。

物流行业的蓬勃发展使得社会对仓储与配送专业人才的需求量越来越大，目前社会上仓储和配送的专业人才储备量不足，无法满足新时代发展的需要。因此，仓储与配送管理实务的课程学习需要与时俱进，跟上时代步伐，培养出物流行业相关的专业性人才。

在开展课程教学时，既要注重专业知识的学习，也要注重培养和提高学生的职业道德水平，首先，教师要明确课程目标，建立系统的学习内容，深入了解仓储和配送的管理方法和技术应用，确保学生具备基础的专业知识；其次，仓储与配送管理实务作为一门实践性强的学科，为符合教学和学生成长的需求，教师要开展课程改革，整合校内外资源，带领学生积极展开创新实践探索，并展开岗位培训操作，定期带领学生实地参观仓储物流配送基地，为学生提供实训机会，增加学生的实践时间，让学生将理论知识和实际应用结合起来，了解仓储配送的实际操作流程；最后，为确保学生在从业后具备良好的职业道德，教师应在课堂教学过程中加入思政教育的内容，在讲解仓储和配送的历史时，通过渗透古往今来物流行业的优秀传统文化和道德操守，深入挖掘物流发展和中华民族传统文化的关联性，确保文化价值的引领作用，从而实现课程思政和教学的有效融合，提升学生的文化自信和职业道德水平。

二、仓储与配送管理实务教学中课程思政的实践

仓储与配送管理实务的教学目标包含知识传授、能力培养和价值构建三部分，在构建知

识体系的同时要将思想政治教育植入课堂教学中，如何实现课程思政和教学的有效融合，是一线教师一直以来思考的重点，下面就以三个案例来介绍仓储与配送管理实务教学和课程思政的有效融合案例。

（一）融入中国古代经济建设成就

现代物流的理论基础和实践起源于西方，但我国古代已经有物流配送的雏形，作为年轻人很容易忽视我国古代经济在世界上的领先地位，很容易对我国古代的经济实力质疑，但只要保持客观公正的态度，深入了解我国古代仓储配送的相关历史，就会发现古代在配送和仓储领域的成就，教师要在教学中为学生树立起实现中华民族伟大复兴的决心和信心。

在仓储与配送管理实务教学中，在讲述中国仓储配送发展历史的时候可以加入相关的历史知识，结合史料记载和现代研究发现向学生们讲述中国古代物流发展的成就，例如武安磁山一直发现的7000年前的粮仓；洛阳含嘉仓城一直发现的距今有1500年历史的天下第一仓；战国时期魏国首创重农抑商的"平籴法"；西汉武帝时期首创的"常平仓"，即用来储粮备荒以供应官需民食而设置的粮仓，也是"平籴法"的延伸。这些古代的仓储方法多用来存储粮食，但这些也能从侧面体现出古代物流发展的成就，通过学习这些实际案例，可以让学生体会到古人在仓储配送运输上的伟大智慧，并分析探究古代物流发展停滞的根本原因，在增强学生学习思考能力的同时增加其民族认同感和自信。

（二）融入中国传统敬业精神

物流行业中仓库管理和配送是两个重要的环节，仓管是仓库管理员，是最主要的物流行业的从业者，同样也是课程人才培养的重点针对对象，随着物流行业的发展，仓库管理人员也有着广阔的发展前景。但由于固有思维方式的限制，大部分学生从心底上对这类起点低、技术含量低的职位不感兴趣，认为仓库管理员没有太大的发展空间。这也导致了学生在课程学习中容易出现消极现象，学生对课程的兴趣影响着学习的积极性和对知识和技能的掌握程度。

目前，这种"消极"的学习状态在高校课堂中还是比较常见的，为增加学生的学习兴趣和学习动力，树立正确的学习态度，在课堂教学中，教师可以融入中国传统的敬业精神，通过引用资料记载，找到一些最开始从事简单工作但最后取得伟大成就的名人案例，以此为基础和学生探讨敬业精神在职业选择和成长中的重要作用，引导学生打破以往的思想桎梏，深入挖掘仓储配送行业的发展情景，帮助学生树立"脚踏实地"的务实就业态度，鼓励学生保持从积极进取的工作态度。

（三）融入晋商事迹

中国古代的四大阶层分别为士农工商，粮食在古代的重要性不言而喻，因此中国长期奉行者"重农抑商"的经济政策，但在这种"轻商"的大背景下仍涌现了大批成功的商人，并形成了独特的商帮文化。山西作为商帮魁首——晋商的兴盛之地，至今传承着有关晋商的故事和精神，晋商素有"生意兴隆通四海，财源茂盛达三江"之称，这也是晋商的自我写照，晋商纵横天下，也是我国古代仓储物流的一大壮举，晋商的发展历程和其独特的精神都可以作为课程思政的教学内容。

在仓储与配送管理实务教学中，介绍仓储商务作业的项目时，可以讲述晋商的传奇故事，介绍以诚为本的经营案例，引导学生学习进取、开拓、不畏艰辛、甘于奉献、勤奋刻苦的晋商精神，引导学生树立在未来工作中诚信守法的契约精神和自律意识，帮助学生树立正确的价值观，弘扬中华民族艰苦奋斗、积极进取的精神。

三、教学方法的实践途径

"课程思政"的理解与实施，从来都不是将与教学内容、教学对象、教学目标毫无联系的思想政治教育内容生硬植入课堂教学的过程，课程思政应该始终树立"教书育人、传道弘人"的理念，让课程内容超越知识与方法的固定框架，向情操教育、气质教育和格局教育的新方向转变，在这个创新过程中，教师要特别注重正能量教育内容的选择与运用，发扬以人为本的教育精神，最终达到以理服人、以道育人和以情感人的教学效果。

在教学过程中，教师本人不但要具备过硬的专业素养，更要培养闪光的人格魅力，在课堂讲述中充分利用各种多媒体资源，引人思政教育内容，为学生的职业技能培养增加人文色彩，课后建立思政资源微信群，连续寻找并推送相关资源，保障学生自主学习，并组织网上话题讨论与调研；在实训场地的操作示范中，也要因地制宜导人职业精神与职业态度教育，为学生未来的职业人生打好基础；在课程考核方面，加强思政效果的考核比重，如课堂参与度、开放性测试题、谈话交流等方式，打造多元开放、不拘一格的评价手段，全面提升学生的修养水平。

四、课程思政的教育实施感悟

"课程思政"目标在学生，而关键在教师，以下是在思政课程具体实施中的三点主要感悟：首先教师必须进一步增强自身的人文素养，博采众家之长，加快自身"学养"向"德养"的转化。教师的责任就是成为思想政治元素的源头活水，源源不断充实净化自身，才能为学生提供长流不腐的思想清泉。

其次，在具体实施过程中，教师必须继续坚守"以学生为中心"的教学理念，积极探索总结，开发新内容，融合新理念，紧跟新方向，反对生搬硬套，为了"德育而德育"的错误思维，在潜移默化间，润物细无声地将思政教育融入专业课堂教学中，并加大学生喜闻乐见的现代多媒体教学手段，如移动终端、即时通讯软件和智能设备等技术的探索应用，与时俱进，积极创新。

最后，教师除了自身的学养水平外，应一身正气，让生活和工作中充满正能量，具备正确的价值观、坚定的理想信念和高尚的道德情操，言传身教，以理服人，以情动人，以道育人，主动对有思政需求的学生开展课下生活中的思想辅导活动，如实习指导、就业指导、技能学习指导等活动，打造课上课下一体的思政教育，进而促进在校学生智育和德育的全面健康发展。

总之，实施"课程思政"，从而加强职业道德教育既是仓储与配送管理实务教学中的教育目标和重点，也是特色社会主义思想的必然要求。课程思政的目标是提高学生的思想政治水平，落实的关键在于教师自身。值得注意的是，课程思政并不是要"生搬硬套"强硬地植入到课堂教学中，而是在原有的课程体系下，融入课程思政的内容，选择与课堂知识相关的正能量教育内容，发扬以人为本的教育精神，积极引导学生，从而实现学生的全面发展。

第五节 物流信息技术课程思政的研究与实践

物流专业以培养学生了解现代物流学的知识体系，掌握基本理论、基本知识和基本方法；培养学生具备物流专业所需要的物流运作方面的业务技术能力的高级应用人才为目标。当前物流学教学过程着重于工程知识的培训和实践，对学生思想价值观建设教育方面投入不够，存在知识传授与价值引领失衡的现象。此外，由于物流专业课程理论性和实践性强，与思想政治教育方面联系较为薄弱，在教学融入思政教育有一定的难度。

《大学》开篇讲到，"大学之道，在明明德，在亲民，在止于至善"。大学教育不只是知识的传授，更重要的是学生道德建设。因此，为了实现思想政治教育与知识体系教育的有机统一。提高学生的思想水平、政治觉悟、道德品质、文化素养，培养学生成为德才兼备的人才，迫切需要在物流学专业人才的培养过程中注重"传业"与"授道"协调一致。这需要我们教师认真挖掘物流专业课程链各门课程蕴含的思政元素，联系专业特点和教学内容，寻找每门课程思政结合点，对学生进行思政教育，实现专业技能培养与价值观引领的统一。结合物流专业课程链的特点，从以下方面有所突破进行物流专业课程思政教学。

一、课程思政建设现状

当前，高校的培养对象大多是"90后"、甚至是"00后"的青年学生，他们成长于国家富强、民族振兴和人民幸福的时代，具有一些时代的特点，如表6-3所示。在网络信息爆炸的时代，青年学子们人生观和价值观深受互联网、多媒体等影响较深，有独特的自我意识和认知，个性突出，但以自我为中心、独立解决问题的能力差；他们在幸福优越的生活环境中成长，思维活跃，观念多元化，但自我管控能力和抗挫折能力差；他们曾拥有理想和信念，却受到网络多元价值观的影响，目标理想模糊，找不到努力的意义，社会主义核心价值观念较弱，对传统的思想政治教育内容和方法缺乏热情。

表 6-3 现代青年大学生的特点

	优点	缺点
青年大学生的特点	个性较突出	以自我为中心
	思维多元化	抗挫折能力差
	有理想有信念	偶像目标模糊
	信息接收途径多	知识分辨能力差
	教育环境优越	对思政教育缺乏热情

课程思政就是深入挖掘课程的思政元素，与时俱进，不断更新，将专业知识教育同价值观教育结合、寻找专业学科知识体系与德育知识体系的"通点"以达到"润物细无声"德育效果。如表 6-4 所示，思政元素设计的范畴包括：做人做事的基本道理、社会主义核心价值观和实现民族复兴的理想与责任。课程的学习不仅要提高学生的知识水平，而且要培养学生的思想道德素养。

表 6-4 思政元素的范畴

序号	思政类型	思政元素	思政目标
1	做人做事的基本道理	有理想、有文化、有道德、有纪律、富有创新创业精神、社会责任感	培养学生正确的人生观、价值观
2	社会主义核心价值观	国家层面：富强、民主、文明、和谐	培养学生的民族自豪感、自信心
		社会层面：自由、平等、公正、法治	培养学生的爱心、集体荣誉感和奉献精神
		个人层面：爱国、敬业、诚信、友善	培养学生的爱国情怀、职业素养、处事原则
3	实现民族复兴的理想和责任	新时代中国特色社会主义思想	培养学生树立远大理想信念，弘扬中国精神，实现中国梦

二、《物流信息化技术》课程思政的设计思路

《物流信息化技术》是物流工程专业必修课程之一。物流信息技术是现代物流运作和发展的平台和基础，主要包括物流信息分类编码技术、物流条码技术、无线射频识别（RFID）技术、物流信息交换技术、物流空间信息技术等，对现代物流业的发展有着巨大的推动作用，用现代信息技术来改造传统的物流信息子系统，实现物流系统的信息化、自动化，来提高物流服务的效率，降低物流成本，是现代物流企业经营的必然选择。通过学习，使学生了解信息

技术在整个物流信息系统中的作用和地位，理解并掌握现代物流信息化中常用的技术，培养学生运用所学知识初步认识问题、分析问题和解决物流信息系统设计中底层感知层的相关问题的能力。理论和实践结合紧密，知识点密集、难度大，对前期学习基础要求较高，学生学习起来有一定难度，心中不免会产生压力。正因为这样，教师应将课程思政教育贯穿整个教学过程，帮助学生丢弃"厌学""压力大""焦虑不安"等学习上的思想包袱，使其尽快适应新的课程，还可以在学生过程中使其真正敞开心扉，愿与教师交流，与同学互助互学，克服困难完成学习内容，达到专业知识学习和思政教育的完美结合。

根据"物流信息技术"课程思政教学目标，结合教学内容和课程思政的总体思路，"思政元素"的方案设计如表 6-5 所示。

表 6-5 课程中思政元素的设计思路

序号	专业知识	思政元素	思政案例
1	概述	富强、民主、文明、和谐	中国已经成为有全球影响力的物流大国和全球最大的物流市场。铁路货物发送量、铁路货物周转量、公路货运量、港口吞吐量、集装箱吞吐量、快递量［均居世界第一，民航货运量居世界第二
2	物流信息分类编码	公正、法治、诚信	通过 EAN 编码辨别产品信息，通过 ISBN、ISSN 编码区分图书和期刊的真伪，打击盗版，维护知识产权。防范利用出版物进行的欺诈、虚假信息
3	条码技术	创新创业精神、社会责任感	中国互联网界的人士注册了二维码扫一扫的专利。中国二维码之父的意锐创始人王越通过艰难创业，开创了移动二维支付码时代。被誉为是中国"新四大发明"之一
4	RFID 射频技术	民族的自豪感、爱国情怀	介绍为中国射频领域做出突出贡献的科学家和中国射频领域的伟大成就
5	EDI 数据交换	自由、平等、公正、法治	EDI 在各种领域的实际应用，EDI 使用中的风险和防范。当今世界是一个开放互动的世界，构建人类命运共同体是一个非常重要的思想
6	GPS/GIS 技术	民族自豪感、自信心	中国北斗卫星导航系统是中国自主建立、独立运行的国家重要空间基础设施
			百度地图、高德地图、腾讯地图是中国三大地图平台
7	通讯技术	创新创业精神、社会责任感	全法国的 4G 基站没有深圳移动一家多，整个澳大利亚的通信市场不如一个广州，新西兰的市场甚至比不过湖南益阳
			从国际技术标准、技术专利、工程能力这三个指标来看，中国的 5G 技术全球领先
			以 5G 为基础的万物互联被一些专家称作第三次现代化革命

续表

序号	专业知识	思政元素	思政案例
8	实践环节	创新精神、诚信素养、团队协作	利用所学方法、知识和技术完成设计；报告体现对相关文献的搜索、整理和分析能力；要求多人团队合作完成，考查团队的协作沟通能力
9	考勤、作业、考试	诚信素养、工匠精神	考勤、平时作业、期末大考试需要按照课堂要求，认真按时完成，不弄虚作假。诚信是一个人的根本

三、《物流信息化技术》课程思政元素的深层次挖掘

（一）挖掘爱国主义的思政元素

爱国主义是社会主义核心价值观的基石，也是中华民族团结一心的精神纽带和自强不息的精神动力。我国的物流信息技术无论历史还是性能都与世界先进水平的有一定的差距，条码的专利、射频的标准等技术的话语权都掌握在别人手里。在96台海危机中我国受到的挫折和教训，我国致力于发展国产的GPS/GIS的决心。我们必须坚持自主创新，掌握核心技术，只有大国重器掌握在自己手里，才能真正发展。

（二）挖掘集体主义的思政元素

每一个学生都是班集体这个大家庭中的一员。迟到、早退和旷课会影响整个班级的学习进度。强调个人责任感、集体荣誉感和奉献精神，个人与集体相辅相成，有机结合。探讨医护工作者、警察和社区工作者、青年志愿者，他们的青春都在奉献中闪光。激发青年学子们的在以后的学习和工作中，多为集体和他人着想。

（三）挖掘坚强意志的思政元素

亲自动手编制EAN-13条码、二维码，精心设计验算，无畏挫折、不断尝试，向学生传递遇到困难坚忍不拔、锲而不舍的态度。并以此教导学生都要

有敬业、精益、专注、创新的"工匠精神",使自己成为不畏挫折或困难、敢于创新、勇于实践的应用技能型人才。物流业的产品是服务,不可能在封闭式场所进行,爱岗敬业、忠于职守,在物流业界尤为重要。

(四)挖掘文化自信的思政元素

中国人自强不息的进取精神和爱国主义精神,这是优秀文化凝聚的精神财富。职业者在工作中敬业重道、诚实守信等重要思想,体现出为人处世的基本原则。通过对文化自信的正确认识,增强学生的民族自豪感,培养学生不懈奋斗的进取精神

(五)挖掘人生理想的思政元素

追求远大理想和崇高信念是大学生健康成长的前进动力。授课教师引入本人在工作、学习和科研工作中的心路历程,遇到困难时如何解决的事例来激励学生,师生共情,帮助他们树立迎难而上的人生观。

"课程思政"不是教师简单的教给学生大道理,不能为了思政而思政,而是要对学生起到"催化"的作用。不是要求每节课都要思政,而是要将思政教育设计成一个连续的系统工程,达到"润物细无声"的效果,逐渐融入学生的日常行为和专业工作行为中。通过"课程思政"教学改革与实践,让学生能从课堂上汲取到更多隐性的能量。譬如,创新思维与创新意识、学习积极性、学习兴趣等;还要开拓课程外的知识领域、培养专业道德感职业观等。"课程思政"使得传统教学方式和意义发生了一些改变,让教师成为学生成长成才的引路人。

四、物流专业课程思政教学途径

(一)物流课程思政的"内"与"外"

思政教育要由内而外,物流专业课程思政也是如此。传统的物流专业教学追求的是知识的培训与实践,而对于课堂思政要把外在的专业知识与内在的思政元素结合,即着眼于教学过程学生自身思想道德和文化素质的

内在提高。在现代物流教学过程中,通过结合与物流相关的爱国事迹激发学生的爱国精神。例如,1938年抗日战争期间的民族实业家卢作孚和他的民生公司的"宜昌大撤退",抢运抗战物资,保存中国民族工业的辉煌事迹等,通过物流课程内容教学引导学生树立爱国主义思想,厚植保家卫国的情怀。

1. 专业知识与内在的思政元素结合

即着眼于教学过程学生自身思想道德和文化素质的内在提高。在现代物流教学过程中,通过结合与物流相关的爱国事迹激发学生的爱国精神。例如,1938年抗日战争期间的民族实业家卢作孚和他的民生公司的"宜昌大撤退",抢运抗战物资,保存中国民族工业的辉煌事迹等,通过物流课程内容教学引导学生树立爱国主义思想,厚植保家卫国的情怀。

2. 专业教学教师要深入研究和探索

在物流学课程教学中挖掘内在的思政元素,例如,仓储管理的课堂教学中,引入建国后粮仓发展史,体会国家民生为本的治国理念;通过介绍我国"云"物流的发展,讲述云仓资源共享物流,体现中国物流行业的创新精神,以及不断强大的振兴中华的奋斗精神。在介绍物流包装知识时,可以引入文化包装案例,鼓励学生引入中国文化元素进行包装创新,让中国文化走向世界,践行"一带一路"文化价值传输,讲解塑料的危害性,倡导环保理念,践行"绿水青山蓝天碧海净土"的自然环境发展理念。

(二)物流课程思政的"教"与"学"

物流专业课程思政教育要将物流专业课程链与思想政治教育协同,以"立德树人"作为根本教学理念。那么在实践中,思政教学不仅体现在思政内容的教育上,也要体现学生的学习中。要精心设计思政教学内容,引导栽培学生进行思政学习,推动课程思政作为物流专业课程的教育目标,在教学过程中对专业课程的目标、内容、结构、模式等进行改革,同时引导培养学生的政治认同、国家意识、文化自信为思想导向,自发的追求社会主义真理,从而为国家培养高素质的专业型人才。

（三）物流课程思政的"形"与"神"

作为课程思政教育施行的任课教师，在教学过程中不能脱离课程内容，空中楼阁地与学生讲思政、谈道德，要做到"形"散"神聚"，结合课本知识内容发掘一个个的思政元素，然后提炼升华，以马克思主义理论指导和社会主义核心价值观为思政精神，加强课堂知识与思政之间的内在联系，实现课堂教学与思政教育相互促进、同向同行，做到课程思政教育有理有据，在课堂教学中协同思政教育，实现"立德树人"的根本目标。

对物流学专业课程思政教育进行了探索和研究，结合物流学教学内容，提出了专业课程思政教育的实践方向，为物流专业教师实现课堂教学与思政教育协同，达到思政教育"立德树人"的目标提供了极具价值的借鉴和参考。

第六节　运输管理课程中融入思想教育的研究与实践

随着生产力的不断提高与发展，我们已经步入了新时代。新时代有新的运输管理方式，从以前的马车运输到今天的船运、货运、空运等，运输方式已然发生了翻天覆地的变化，而这一变化也为物流运输业带来了新的机遇和挑战。作为物流管理专业的核心课程，《运输管理》课程以货运企业主要业务、职能、岗位群所需的必备技能构建学习情境，按照工作过程行动模式完成"典型工作任务"来反映运输职业工作过程的完整结构、全面要素和工作过程知识。这一课程包含大量的课程思政元素，深入挖掘课程思政元素并将其运用到物流专业的教学之中，构建物流管理专业课程思政的教学模式，有利于学生树立科学的价值观念，提高物流管理人才的综合素质，对于培养物流时代新人有着重大意义。

一、"运输管理"课程思政建设的必要性

伴随教育部《高等学校课程思政建设指导纲要》的出台，进一步说明了课程思政的重要性"。随着思政课程建设的不断推进，在物流专业开展思政课程教学的目标与要求也逐步明确：树立专业课教学内容，结合物流专业的课程特点、思维方式和价值理念，挖掘课程中的思政元素，并有机融入课程教学。这一目标的确定不仅能够完善课程思政的工作体系、教学体系和内容体系，而且对于物流管理专业课程的思政建设也有重大意义。课程思政建设的必要性如下。

（一）政治认同

当今世界正在经历百年未有之大变局，如何在这一变局中把握机遇是我们亟待解决的问题。经济全球化的推动提高了资源配置的效率、促进了生产力的发展，促成了贸易大繁荣、技术大发展和人员大流动，这为物流运输管理提供了机遇，推动了物流运输管理方式朝着信息化、自动化、集成化的方向发展。但经济全球化是一把双刃剑，在给物流行业带来机遇的同时，也给物流行业带来了越来越大的成本和环境保护挑战。如何有效应对这些挑战，《"十四五"现代物流发展规划》从四个方面明确了现代物流发展的新方向：一是以服务国土空间开发和国家重大战略为要求，加快推进物流枢纽网络体系和国际国内物流大通道的建设，不断夯实现代物流发展的基础支撑；二是以服务实体经济、畅通经济循环为导向，完善现代物流服务体系；三是以有效服务于民生改善、促进消费升级为目标，畅通现代流通体系，更好地满足人民群众对美好生活的需求；四是以践行总体国家安全观、切实维护经济发展安全为底线，不断提升现代物流的安全应急能力。政治认同不仅是激励和促进社会成员共同奋斗与前进的重要思想基础，也是社会成员共同遵循的价值目标和理想归宿。有力的政治认同教育是把物流专业人才组织起来的重要凝聚力量，对于任何一个政治组织来说，只有得到了成员的广泛认同，才能充满生命力并长久存在。因此，物流专业的学生需要具备政治认同这一核心素养，并以此为自身指明共同遵循的目标和今后努力的方向。

（二）科学精神

新版思想政治课程标准中明确提出："培养青少年的科学精神，有助于他们形成正确的价值取向和道德定力，提高辩证思维能力，立足基本国情，拓宽国际视野，在实践创新中增长才干。"科学精神是指用马克思主义的世界观和方法论来认识世界，用马克思主义的立场、观点和方法来观察事物、分析解决问题，实事求是、解放思想、与时俱进，想要实现科技的自立自强，离不开强有力的科学精神作为支撑。同样，在物流行业的人才体系培养中，离不开具有科学精神这一核心素养，科学精神一方面能够不断促进学生提高自身的辩证思维能力，促使学生在关注科学的过程中发展自身的科学态度、养成良好的科学行为；另一方面能够让学生"求真知、做真人、行真事"。物流行业的发展并不是一成不变的直线上升，而是螺旋式上升、波浪式前进的，因此要用与时俱进、具体问题具体分析的思维和态度不断更新自身的思想，用辩证的观点看待物流行业的发展，不断提高其与时代发展相适应的素质与能力。培养具有科学精神素养的物流专业的学生，能够让他们在遇到问题时做出正确的判断和合理的选择，以锐意进取的人生态度和负责任的行为来使生活变得更有意义。

（三）法治意识

法治意识是公民尊重、理解、执行和维护社会主义法律规范的重要保障，遵纪守法的行为不是自然发生的，而是需要在一定的法制观念、法律意识的指导下才能实现。理解法治是人类文明演进中逐步形成的先进的国家治理方式，是明确建设社会主义法治国家的基本要求。社会主义现代化法治建设的基本要求就是拥有法治意识，因此培养学生依法、懂法、守法的意识至关重要。在物流运输管理中会涉及大量的法律法规，包括《中华人民共和国合同法运输合同分章》《危险货物运输规则》《集装箱运输规则》《国际货运代理业管理规则及实施细则》等，培养学生的法治意识能够帮助学生建立起法治意识和发展观念，做到真正地学法、守法、尊法、用法，实现权利和义务的统一。具有法治意识的学生要能够以社会主义法律为武器，在捍卫自身正当权利的同时，也要承认、尊重、不得侵害他人的合法权益。在法律面前任何人都是平等的，拥有法治意识能够让学生共享尊严、让社会更和谐、让生活更美好，能够培养学生自觉地遵守国家的法律法规、社会的规章制度、增强自身的法律意识，牢固树立法治理念、培养法治思维、维护法律权威，成为有良好法律素质的社会主义建设者。

二、"运输管理"课程思政元素的挖掘

（一）规划运输路线，提升综合解决问题能力

运输管理是针对整个运输过程中的各个部门以及各个环节中人力、物力、财力和运输设备等进行统一管理、实时监控、监督执行的，以达到用同样的劳动消耗创造更多的运输价值为最终目的。运输路线的选择是物流运输中的重要问题，其中所包含的最短路问题是从给定的图中找出任意两点间的最短线路，主要算法包括 Dijkstra 算法和 Floyd 算法则。从起点到终点要经过许多中间点，也有很多不同的路径选择。就像人生道路上在每个节点都会面临不同的选择一样，选择不同，走的路也不同。路线有很多种，如何选择最优路线就需要学生拥有系统性思维，对于问题的思考要从客观整体利益出发，从而培养出学生的全局意识。具有全局意识的人看待事物不仅仅停留在表面，其看到的是更深层、更本质的定性。同时，具有全局意识可以减少决策的时间，并以最短的时间、最低的成本看到最优、最佳路线，从而求得最优解。而在物流运输中，这一意识的培养对于物流专业的学生来说至关重要，只有求得物流运输的最优路径，才能大大节省物流运输的时间、成本，从而获得最大效益。因此，通过教会学生如何对运输路线进行全面、系统地规划，可以有效提升学生综合解决问题的能力。

（二）学习运输发展史，激发爱国情怀，增强历史使命感

中国在物流领域拥有悠久的历史，驿站、官道、官仓、漕运、丝绸之路、京杭大运河、郑和下西洋等闪耀史册，积淀了灿烂的物流文化。通过对从古至今物流文化的讲解，让学生深刻地认识到物流文化的积淀与演进，在

对物流文化的认知与了解中树立文化自信。此外，物流管理课程中包含大量运输方式发展变化的历史，包括公路运输发展史、水路运输发展史、航空运输发展史等，通过对这些运输工具演进变化史的讲解和中外物流发展的对比，促使学生从中感受到祖国强大的生产力以及科学技术的大力发展，极大地改变了我们的生活方式，也给我们的生活、工作带来了便利。其中，我国自主创新的成功范例—高铁，从规模到速度一直在添亮眼新绩。通过给学生讲解我国高铁的发展历程，让学生了解我国高铁技术的先进性，从而有效地激发学生的爱国情怀、提升其文化自信并树立正确的价值观。与此同时，对物流工具方式变迁和发展的了解以及对国内外运输发展变迁的对比，能够使学生认识到经济发展和物流发展是一个双向的促进过程，不仅使我国的经济发展促进了物流方式的变化，而且物流运输行业也有效带动了我国经济的增长，对我国经济发展有重大的意义，由此来增强学生的社会责任感和历史使命感。

（三）加强运输方式衔接，培养团结合作精神

在《礼记.学记》中提到"教也者，长善而救其失者也"，也可以称长善救失原则，这是德育原则中的一个重要原则，即利用学生自身的优点来克服缺点，用思想中的积极因素克服消极因素。随着时代的发展与生产力的提高，物流运输突破了单一的运输方法，可以对多种运输方法进行有效衔接，具体应当选择陆运、水运还是空运等哪种方式，主要取决于各种运输方式的优缺点，只有正确认识到运输方式的优缺点并将其有效结合，才能发挥物流运输的最大功效。通过对多式联运的学习，促使学生体会到运输设施设备统一所带来的运输高效，进而促进整体区域经济贸易的发展。对于物流专业的学生来说，每个人都是独一无二的个体，都存在着优缺点，通过对运输方式有效衔接的学习，能够更加深入地了解自身的优缺点，培养学生的团结合作精神，并在小组合作中充分发扬自身的优点，取长补短，实现共同进步。

三、运输管理课程思政教学的创新与实践

将课程思政融入物流管理的教学中,为物流管理专业的教学指引了正确的方向,也为学生树立了正确的世界观和方法论。但在实际操作中,仍要注重合适的教学方法,使课程思政元素能够最有效地融入教学,从而实现思政教学效果的最大化。

(一)提升教学质量,做到"线上+线下"相结合

传统的教学模式主要以线下教学为主,课堂教学会受到时间和空间的制约。而在新媒体时代背景下,随着生产力的不断提高,科技得到了迅速的发展,也打破了传统固有的教学思维模式,突破了时间、空间的限制,因此采用线上线下教学相结合的模式势在必行。在线上教育中通过情境预设、案例引导等一系列方式,既可以丰富物流课堂教学的内容,也可以调动学生的积极性,使学生可以快速融入学习氛围中。可以将传统课堂与网络课堂有机融合,打造多校共建网络"慕课""雨课堂""超星学习通"等线上网络教学平台,分别设计线上、线下的学习计划。线上教学注重案例的引导和拓展线下课堂知识,线下教学内容则注重理论知识传授的系统性和整体性,结合教材知识重点、难点开展深入讲授。"线上+线下"的教学模式,能够打破时间和空间的限制,实现各校之间的资源共享、学生和名师之间的"零距离"教学。由此,思政课堂教学的趣味性将大大提高,同时学生对于物流专业知识的学习也会更加感兴趣,会促进整体教学质量的提升。

(二)提高教学效果,注重"理论+实践"相结合

人的学习分为三个维度:一是跟书学,二是跟人交流讨论学,三是做事学,即实践。想要学习效果事半功倍,就必须将三个维度融合,相互交互学习。《运输管理》主要研究了运输技术手段和管理方式,具有较强的实践性。《高等学校课程思政建设指导纲要》指出,要在专业实验实践课程中积极推进思政教学元素,通过实验实践教学不断提升学生解决问题的能力、创新能力和动手操作。理论联系实际不仅仅是一句理论,更要依照方法,仅凭理论的讲解

很难培养学生的实操能力。在教学实践活动中，建设实习实训基地是培养应用型物流人才的重要物质基础，决定了学生是否能够实现将书本上所学的理论转化为实践中所要运用的能力。因此在物流运输管理中，如何选择最优的运输方式、如何学习物流的管理方式，不能仅凭理念的灌输和引导，而要结合实际生活案例以及通过建立实践教学基地，让学生真真切切地去做，做到学思结合、知行统一。兴趣是学生最好的老师，在实际的课程运作中，运输管理课程的具体步骤应先通过引导案例激发学生的兴趣，再积极关注实际运输问题，用现实运输管理的实践引导学生由浅入深、由简入繁地运用相关理论进行分析和论证，以此来提高整体的思政教学效果。

（三）增加教学活力，把控"基础+创新"知识的融合

"物流管理"课程是物流管理专业的基础课程，学习这一课程对于学生专业能力的培养具有重要作用。因此，进行系统性的知识讲解为学生打下良好的专业基础至关重要。但在课程的教学中，如果大部分教学课程以知识讲解为主，那么枯燥的知识将难以调动学生的积极性，并且教师也无法了解学生对知识的掌握情况，对于整个课堂教学来说缺乏活力。因此，教师要在坚持"德育为先、能力为重、全面发展"的教学理念之中，拓宽教育教学的知识视野，创新传统的教学方式，重点关注学生的全面发展，实现以教师为中心向以学生为中心的转变。在教师传授基础理论知识的基础之上，通过大学生创新创业大赛、物流运输相关的知识竞赛、案例选择、小组讨论、学术讲座等方式，让学生多多参与到教学中，例如在物流课程管理中对冷链技术研发工作的介绍，应鼓励学生发散思维，利用自身所学的知识来演绎、还原冷链技术保存的步骤，分析冷链技术保存的重点、难点，以此来培养学生的创新意识和创新能力，激发学生的学习兴趣，增加教学活力。

将思政元素融入教学，指的是在树立专业课教学内容的同时结合物流专业课程的特点、思维方式和价值理念，通过挖掘课程中的思政元素，并将其有机融合到课程教学中，这对于完善课程思政工作体系、教学体系和内容体系与物流管理专业课程思政建设具有重大意义。挖掘课程思政元素并将其融入专业教学是建设课程思政的核心环节，但如何将其充分挖掘、深入融合进教学是当下

亟须解决的问题。本书以《运输管理》课程为例，从思政教学的必要性以及课程中所蕴含的思政元素出发，并结合物流专业知识的特点，为物流管理专业思政课程教学提供了实践路径。这对于学生深刻理解社会主义核心价值观，树立正确的人生观和价值观，并最终把学生培养成有理想、有道德、有文化、有纪律的四有新人具有重要意义。

第七章

立足工匠精神推动思政实践课教学的发展

- 第一节 "大思政"格局下高职工匠精神的培育思路
- 第二节 工匠精神培育与思政课的内容耦合
- 第三节 作为思政课重要组成部分的实践教学
- 第四节 工匠精神培育与思政课实践教学的有效对接

第七章 立足工匠精神推动思政实践课教学的发展

第一节 "大思政"格局下高职工匠精神的培育思路

高职院校对工匠精神培育理念的高度重视和工匠精神培育途径的多样性，不能掩盖工匠精神培育的系统性弱势和效果有待提升的劣势。思想政治理论课虽是高职院校工匠精神培育的主要形式，但是要真正发挥其战斗堡垒作用，则需要有更加宏观的构架和微观的谋划。"大思政"格局为我们指明了方向。

一、"大思政"格局与改变思政课的增效

传统狭隘的思想政治教育是政治理论课程的课堂教育，与专业课程、校园文化和实践活动形成明显的区隔。它便于教学、安排和管理，却弊端众多。首先是不符合思想政治教育的一般性规律。思想政治教育工作的核心对象是人，而且是具有相当稳固性的人的价值观和信念。随着中国改社会飞速发展，对人特别是青年学子产生影响的因素日趋复杂多元。中国家庭结构原子式趋势（一对夫妇一个或两个孩子）、无处不在的市场经济交换方式、互联网成为生活学习的重要媒介和工具、中国在世界格局中的位置变化等这些现象或因素均影响着"00后"大学生的思想观念和价值信仰。影响思想的渠道多元化，就决定了思政课局限于课堂的方式必须有所改变，原来那种只传授道德知识忽视美德践行的教育模式，那种教师把学生当成被动接受对象的教育方式，那种将教育局限于思政课堂的场景处理，已经远远不能适应当下时代、当下学生的需要。因此，贴近实际、贴近生活、贴近学生，锐意改变，追求全方位、全过程育人的"大思政"格局就显得尤为重要。

（一）何谓"大思政"

所谓"大思政"工作格局，是对多种具有思想政治教育功能的因素通过特定的活动或联系机制所形成的合力体系的整体形态描述。在本质上，它是对思想政治教育的整体形态及其体制、生态和运行机制的实践要求。

（二）"大思政"格局的特色

1. 思政教育主体多元化和整体性统一

"大思政"教育理念针对传统思政教育的孤立性和片面性，强调全员育人，将思想政治教育的主体由思政课教师扩展到包含专任教师、辅导员在内的所有教职员工，甚至也可以是能够对学生群体承担、组织和发动思想政治教育活动的社会组织和机构。通常情况下，学校"大思政"工作是由校领导作为总牵头人，各职能处室、二级学院负责人为主要负责人，各级教师员工为主要执行人，所有参与人员各自围绕"立德树人"主线贡献智慧和方案，同时保持协调和沟通，确保思政教育工作的有效有序开展，避免互不通气，各自为营，造成人力、财力、物力的浪费，提高学习与活动的效率与效果。

2. 思政教育空间的延展性与时间连续性的统一

"大思政"教育理念将大学思想政治教育的空间，由相对单一的第一课堂延伸到第二课堂。专业课、书院、校园公共空间、校外社区、企事业单位、公共场馆、网络空间都有可能成为思想政治教育的场所。同时在"大思政"教育下，思想政治教育的时间被拉长到学生受教育的全过程，遵循了思想政治教育的基本规律和人的成长规律，注重思想政治教育的连续性和过程性。

3. 教育内容丰富性和教育形式多样性的统一

高校思想政治教育不仅要对学生进行优秀传统道德伦理、文化修养教育，而且还要帮助学生积极回应社会热点问题和社会需要，注重学生创新创造能力的培养。为此，可以借助人类一切优秀的文明成果。思想政治教育的教育形式由于空间、时间上的拓展，参与人员的扩大，有效资源获取途径增强，获得了多样性的可能。传统的听讲、阅读、视听、演示等形式，被大大扩展为其他的诸如讨论、参观、学中做、实操、浸润式体悟、面对面访谈等实践形式。

4. 教育平台利用的现实性和虚拟性互为补充

现代信息技术的发展，助推了教育方式的改变，这为思想政治教育方式的改变提供了较为广阔的舞台，"大思政"教育观能对信息和网络技术对学习以及社会生活的影响做出积极反馈，主动拥抱信息技术下海量的文字资源、图片资源、多媒体资源，充实现实教学的手段。另外，利用慕课等线上学习平台可以将现实中的优质课程实现更大规模的共享和互动。此外，线上博物馆、VR虚拟现实技术还会为思想政治理论的实践提供更多的可能性。

（三）"大思政"格局的实施路径

"大思政"格局要在一个学校正式铺开，必须做好如下几方面的工作。

首先，学校教育部领导高度重视，并进行充分的动员和宣讲。引导教师准确理解和把握社会主义核心价值观的深刻内涵，增强价值判断、选择、塑造能力，带头践行社会主义核心价值观。此举目的是让全体师生明白"大思政"是什么，有什么价值，为什么要布局"大思政"工作，抓好"大思政"工作可以获得什么样的政策激励以及绩效奖励。在宣教工作结束后，可以收集各职能部门对于"大思政"的理解。

本部门在"大思政"中可以承担的任务以及可能存在的问题，由学校专门成立的"大思政"协调小组等类似的组织协调沟通，理顺关系，起草"大思政"方案，公布并征求全校教职员工的意见和建议，最后再修正完善、正式公布。"大思政"的以上这些准备环节，一个不能少，更不能敷衍走过场，这样做的目的就是通过宣传、调研、完善，将教书育人、管理育人、服务育人、文化育人等协调统一起来。如果不做好准备工作，别人提"大思政"，我也提"大思政"，具体实施不细化，就会造成"大思政"工作徒有虚名，搞不好，还会打乱本来正常的教学管理工作。

其次，师资在数量和质量上应有保证。这是高校推行大思政在师资方面的重要前提。专职思政教师是一所学校思政教育内涵的重要保证。"大思政"工作不仅在思政课，还在学生管理、学生部组织活动、学生校内外实践活动过程中，学校部组织队伍，包括部组织工作者、辅导员在内的行政管理人员和教授都是思政教育的非常重要的补充，而包括校领导、院领导、校外专家在内的人士可以组成高端兼职思政教师队伍，发挥对大思政的领导和管理作用。

思政教师不仅要在数量上有保证，在质量上也要因应时代而有提升。思政课教师担负着学生精神世界的引领工作，思政教育需要面对多元的个体，回应纷繁复杂的社会问题，教育内容涉及政治学、心理学、历史学、社会学、哲学、法学等许多学科，在这种情况下，教师队伍的培育、继续教育、参观考察，就变得异常重要。教师道德人格有保证了，精神世界充盈了，眼界宽阔了，技能丰富了，才能拥有"以一棵树撼动另外一棵树"的情怀和能力。"大思政"格局下要鼓励老师坚持阅读与学习，勇于实践，挖掘第一手资料，积极主动地组织教学。教学内容要有主导性、创造性和超越性，要能引导学生实现在现实社会实践基础和现实思想道德基础上的思想的升华与超越。

再次，"以人为本"构建完善的课程教学体系。思想政治教育是人类社会实践的重要领域，也是一种对象性活动，思想政治教育的对象不是物而是人。"以人为本""以生为本"是思想政治活动的出发点。"大思政"虽然格局大、涉及面广，但并不意味着没有核心。教育教学的方式无论怎么改，课程始终是核心。"大思政"需要构建一套合理的思想政治教育的课程体系，表现为：思想政治理论课必修核心理论课程是主渠道、思想政治理论课实践教学是不可分割的重要组成部分、课程思政是重要补充和具体深化。通过显性课程和隐性课程，双管齐下，让思想政治理论课教育做到思想性、实践性和专业性的统一。

讲授思想政治理论课，要透彻地通过其学术性、知识性来阐释其政治性、价值性，提高思政课的引导力、解释力、吸引力、感染力以及针对性和实效性。讲清楚理论是如何形成的，中间有什么样的逻辑关系，与现实之间的联系，这是高等教育思政核心理论课教育的重点，在"大思政"教育环节不能忽视这一点，否则就无法体现思政课大中小学循序渐进的要求。

有些高职院校，开展"大思政"教育后，把重点花在思政课的形式和实践上，人为忽视思政理论课的系统理论学习，这是一种理解偏颇和教育失误。加强理论研究和教育，将理论教得彻底，而不是忽视理论，这才是高职院校思政教师需要注意的。

思想政治理论课实践教学，包括课内外实践、校内外实训和实践。传统教学中存在两类问题：一类是理论教学占据主流，实践教学不被重视；一类是实践内容未被充分整合。除此之外，高职高专非常注重学校与社会力量的合作教学，延伸到校外或者是虚拟现实中的思政实践教学活动在"大思政"下同样值得认可。

课程思政教育是思想政治理论课教学的重要补充与深化。课程思政教育主要涉及思政类通识选修课程和专业课程中思政元素和思想政治教育功能的呈现。社会主义大学需要经常用三个问题提醒自己开展反省：培养什么人、怎样培养人、为谁培养人。各类专业课程的施教者也需要常常自问这些问题。大学里的各类课程都承担传授知识、理论、方法、经验等职能，同时也都蕴含思想政治价值，体现着鲜明的价值意蕴，承载着一定的精神塑造和价值教育功能。人文历史类课程体现浓厚的人文关怀、民族大义、社会责任，自然科学类课程蕴含着丰富的探索精神和创新意识，艺术类课程饱含着对美的无限追求。不过，不是所有老师都能认识到课程的思政价值，还有些老师即便知道课程的思政价值，但是从价值排序上，也会将思想价值排在最末，囿于课时、精力等因素，有时候能省略就省略了。"大思政"格局，一方面从根本上提醒不重视课程思政价值的老师在观念上有根本的转变，提高自身的政治素养，将主动积极的价值观教育融入课程教学。另一方面，提醒各位老师在课程中与思政课积极合作，同向而行。

最后，发挥隐性思政教育的功效。思想政治教育中隐性教育主要是指教育者以隐性课程、文化传统和环境情境为载体，引导学生在体验、分享中获得身心和个性发展以及价值观、理想信念和道德观念的活动过程及其方式。隐性教育顾名思义具有隐蔽性、渗透性、间接性、体验性和分享性。课程思政在高校通识和专业课程中的运用，就是隐性教育的重要表现。除此之外，环境情境与文化传统也是重要的隐性教育资源。

高职院校校园是学生接触最多，也是受影响最多的环境。校园自然环境是否优雅、整洁、有序，会影响学生对于生态美和社会规则遵循的态度；教学主体的言行举止、工作习惯、学术思想和个人魅力，对学生来说就是一本真实、生动的教科书，可以达到不言自明的教育效果，只要组织宣传到位，就可以对全体学生形成正向理想信念引领；校园文化活动，比如阅读比赛、校友分享、各类展览与讲座、公益活动、歌咏比赛、艺术节等，只要设计得当，均包含丰富的思政教育，会潜移默化地影响学生的思想政治观念；校园传统媒体比如报纸、电台，新媒体如校园网、微博、公众号、校园 APP 等，形式活泼亲民，内容积极有正能量，这些都是发挥思政教育的重要隐性资源。

二、"大思政"格局和工匠精神培育融合的内在需要

"大思政"教育理念与格局已在全国各类高校逐步执行并且布局开来,从外部来看,各类高校"大思政"工作的形式大同小异,那么,如何体现因材施教的教育原则?如何实现不同类型的培育目标呢?这是个值得研究的问题。就高职院校来说,职业性、技能性是高职教育的重要特性,高职"大思政"教育如何呈现这两大特色?它的落脚点在哪里?这是高职教育交给高职院校的任务。中国社会呼唤培育具备工匠精神的人才,职业院校对此责无旁贷。但是,职业院校从哪些方面着手才能实现工匠精神的培育?笔者认为,将工匠精神培育融入高职思政教育,使其成为高职"大思政"教育的重要方面和特色呈现,这是解决前述诸多问题的最佳方案,原因是大思政教育与"工匠精神"存在密切的内在联系,这种联系性决定了它们可以融合起来实现高职院校思想政治教育的特色和高职人才培养的目标。

(一)高职"大思政"目标的实现要求融入工匠精神培育

高职院校"大思政"工作要体现的指导思想,锁定"立德树人"的根本,实现"又红又专、德才兼备"的目标,立足点紧扣"高职"二字,从中找到突破口。职业性、技能性是高职教育的特色,高职教育的"立德"和"德才兼备"必须落实在职业素养与职业精神的培育与塑造上,而工匠精神是职业素养与职业精神的集中体现,因此,将工匠精神培育融入高职生的人生观、价值观、世界观教育和法制素养培养,融入中国化理论形成过程教育,融入正确的价值观,使得高职学校在职业理想、职业意识、职业行为、职业操守、契约精神等方面符合中国现代社会发展的需要,定能客观反映高职"大思政"教育的要求和特色。因此,工匠精神培育是高职院校实现思政教育工作目标的重要载体和途径。

(二)工匠精神的性质、特点决定其能够融入高职思政教育

论及工匠精神培育融入思政课问题,逻辑起点要回答清楚:工匠精神培育为何需要且能够与高职思政课相融合。这是由工匠精神的性质决定的。

工匠精神本质上是历史性与现代性并存的职业精神。"工匠精神"从语言角度看，属于偏正复合词，重在"精神"，"工匠"做修饰限定之用。"工匠精神"早期实质上是一种"工匠的精神"，是手工匠人在专业劳作过程中的情感体验、态度选择与意义追求。伴随社会发展和历史传承，各种"工匠的精神"渐渐抽象凝练为具有共性的"工匠精神"，即所有参与职业劳动的劳动者共通的职业境界，表现为对劳动的尊重与敬畏，对创造的热爱，对行业品质的执着、对最佳服务质量与用户体验的追求以及对行业声誉的珍视。在制造业与其他行业的本质内涵里，道德与制度的不同层次上进行理解，工匠精神是一种兼具历史性和现代性、与职业劳动相关的、以价值为导向的、能产生个体认同和群体意识的人类职业精神。工匠精神是社会人精神素质教育的重要组成部分。

工匠精神培育在大学阶段最合适。工匠精神培育的实质是一种职业价值观塑造，属于广义德育（思想政治教育）范畴，工匠精神可以在家庭教育和基础教育中渗透，也可以在社会实践中磨炼。但比照而言，在大学阶段培育最为合适，原因无外乎个体成长的规律性和德育目标的分层性。初级教育阶段德育侧重于基础品德的建构，高中阶段应侧重于三观的初步确立，大学阶段则重在"立德"——稳固构建学生的科学世界观、人生观、价值观和政治观。科学三观教育与政治观念的形成必须与大学生群体的现实需求及社会的现实要求相结合，最好的结合点就是职业精神素质培育。工匠精神培育是其中的重中之重。大学阶段相对基础教育阶段而言，学生的思维和行为能力成熟很多，学习的知识内容已进入相对专业的阶段，学生需要思考未来如何以健全的人面向社会，参与劳动生产，社会对他们亦持"准劳动者"的期望，工匠精神因此成为他们必须思考和锻造的职业精神。其培育若在专业教育尚未开展的基础教育阶段去系统开展，不可想象；在大学毕业后再去系统培训，则不太现实。

（三）思政课可以而且能够成为高职工匠精神培育的重要平台

与普通本科院校相比，高职院校更适合将职业精神塑造做足。高职生不到三年就面向职场，很多在中小企业生产和服务一线。通常大型单位在员工培训方面会细致耐心一些，而不少中小企业只是明确一下规矩，就要员工达到敬业标准。高职专业课程训练紧张，人文通识课程有限，除在社团活动或学生会活动中加强工匠精神熏陶外，若要增设工匠精神培育课，基本不现实，只能选择将工匠精神培育融入现有课程体系中，思政课无疑是最合适的，原因是两者目标具有一致性——都是为了"立德树人"，实现学生自由而全面的发展。社会竞争和生存压力容易使人产生一切劳动和服务皆因被迫，工作仅是谋生工具的想法，这种被动认知易导致人的异化，而工匠精神是人们生产服务过程中的精神自觉，是一种不受外界压力所迫而产生的追求完美、服务他人与社会的内在动力。工匠精神培育就是通过教育手段提升人文素养，为人文理性的生长提供土壤，在潜移默化中助人认识诚实、积极、有创造性的劳动对于人自身及社会的意义，这与高职德育的目标一致，也和"大思政"教育中的全员、全过程进行思想政治教育的要求具有一致性。一旦将工匠精神有效融入高职"大思政"教育，工匠精神培育就可以实现在学生受教育期的连续性关注。

三、"大思政"格局下工匠精神培育融入思政课的路径

"大思政"格局下，高职思想政治教育是一个系统工程，探索工匠精神培育融入这一系统有一个前提，就是高职院校在顶层设计下，确实存在"大思政"格局，如果"大思政"格局本身只注重概念与形式，没有经过缜密设计，那么工匠精神的系统融入也只能是空话。因此，本节探讨的是高职"大思政"格局下，如何细化工匠精神融入的问题。

（一）顶层设计上明确工作重心

如果说，"大思政"为高职思想政治教育改变指明了方向，那么，明确工匠精神培育为"大思政"工作的重心，则是为高职"大思政"教育工作指明了方向。"大思政"涉及教学部门、管理部门，涉及课内外、校内外，涉及思政课和专业课，涉及公共课教师和专业课教师，如何把不同的职能部门、施教场所、教学主体凝聚在一起高效率工作，必须要有一个相对简约，又能直指工作重心的安排。工匠精神是一个能让所有部门找到共同努力方向的聚合点。因此，高职院校在顶层设计上明确将工匠精神培育作为思想政治工作重点，这是必须的，也是符合现实需要的。具体表现为在学校"大思政"文件上要有明显

的文字、条文体现，要有相关的配套政策的引领和制度保障机制。让所有施教主体一看文件就能明白自己的工作重心、自己负责的工作可以从哪些方面培育学生的工匠精神。有保障机制的顶层设计，在某种程度上相当于给施教主体以可预期的激励，这是保证"大思政"工作稳定性的稳定器。

（二）加强教师的工匠精神内涵认知教育

百年大计，教育为本；教育大计，教师为本。"大思政"工作能够在校园开展还有一个非常必要的准备工作，即教师需要对"立德树人"的目标和内容有较为充分的体认，在此基础上明晰工匠精神的内涵，才能将工匠精神培育与相应的工作密切联系起来。新时代工匠精神的内涵非常丰富，只有掌握了工匠精神的传统内涵、当代内涵、外来内涵和未来内涵，施教主体才能够在这些丰富的内涵中，找到与自身施教活动对应的工匠精神培育点。如此方可以让工匠精神培育变成一种自然而然且合适妥帖的教育，而非生搬硬套的强塞或灌输。教师是影响学生工匠精神形成的重要力量，除了加强教师工匠精神认知教育，还需要加强教师工匠精神实际品质的教育，勉励教师言行合一。"好老师，要有理想信念、道德情操、扎实学识、仁爱之心，把自己的温暖和情感倾注到每一个学生身上。"在育人活动中，如果教师展现出敬业、专注、创新、执着、淡泊名利的职业作风，相信会产生身教胜过言教的实际效果。

（三）完善工匠精神培育的课程体系

"大思政"课程体系包含：思想政治理论课核心课程、思想政治理论课实践课程、"课程思政"系列课程与活动。在"大思政"课程体系中需要逐一细化工匠精神培育的内容与形式。

思想政治理论课核心课程是工匠精神内涵认知培养的主要依靠平台，也是工匠精神培育与思想政治理论课深度融合的重要领域。为此，思政教育在充分掌握工匠精神的传统内涵、革命内涵、现代内涵、外来内涵和未来内涵基础上，需要结合思政课三门课程的教学重点、难点，考察各门课程中工匠精神内涵的融入点，并以三门课为重心，从较为宏观的角度，形成工匠精神

培育融入思政课的维度和模块，便于在实际教学中运作使用。这样处理的

目的是在不破坏思政课规定教材逻辑结构的基础上，为教师在实际教学中将工匠精神自然融入教材提供一些指引，防止教师在思政课每一章节中生硬植入工匠精神的内容。除了内容上的融合，教师还要考虑到如何把这些内容、理论以合理的方式传授给学生，说好"理"是教学的艺术。教师巧用语言、善用富含工匠精神内涵的各种案例，引发学生的情感共鸣，就能提升学生对工匠精神深刻内涵的认知，从而在内在价值观上促使自己重新看待劳动、重新定位职业理想，深入体悟"劳动光荣""为人民服务"等看似抽象的口号背后的社会价值。

思想政治理论实践课程是培育工匠精神的重要实践抓手。从大的方面来说，无论是什么类型的实践活动，它都需要有一个从策划、执行到实现的过程。教师可以就实践活动过程本身，以工匠精神为尺度要求和评估学生。

除了实践活动的流程性工匠精神培育，还设计了一些直接有关工匠精神培育主题的实践活动，让同学们通过观察、比较、访谈、调研、研读等挖掘现实生活的匠心、匠艺、匠造，从言语、行动、挫折、苦闷和愉悦中体悟工匠精神的魔力与魅力。

课程思政系列的课程与活动，是指在学校其他非思想政治理论课程中渗透思想政治理论教育的理念与元素，将立德树人贯彻到学生接受教育的全过程。涉及的课程包含：专业课程、各类通识必修或选修课程（包含与思想政治关联性比较大的思政类选修课）。在这些课程中，工匠精神的培育同样可以根据课程的特点自然融合，这里非常考验教师对教学内容和教育艺术的把握。

看似与工匠精神没有联系的通识类文学类课程，只要老师善于琢磨，就能够让课程包含匠心精神的元素，让同学们在赏析的时候不仅享受文学的深刻，更能联系现实做实践性思索。高职教育，专业众多，专业与职业、行业关联度很高，各行各业都有职业道德、伦理规范、职业精髓和最高理想，只要教师将工匠精神培育作为重要的价值目标追寻，潜心联系专业和行业，挖掘案例，就容易找到链接点，将匠心植入学生内心，促使学生体悟到匠心的重要价值。

（四）创设工匠精神培育的校园环境

环境与人是受动和能动的，而不是单方面谁决定谁的关系。校园环境是思想政治教育环境中的一种非常重要的微观环境，它与学生的生活、学习、休闲息息相关。因此，要加强工匠精神培育，高职院校要努力创设相关的校园环境，同时鼓励同学们加入创设和谐校园的工作中。

创设匠心校园，可以从校园的硬件环境和软件环境着手。硬件环境，如校容校貌、校园规划布局、校园装饰设计、教室室内布置、校内清洁卫生、园林绿化、交通管理、安保工作等，这些可视化的环境，尽其所能做到用心用情，既有规则遵循，又有人性化设计。学生们会在不经意中感受到校园的魅力。软件环境是一个学校无形的精神风气和氛围，它体现在学校的办学理念、校园文化、学术氛围、工作作风、学校管理水平等方面。以校园文化为例，以空间分，校园户外公共空间文化、教室文化、图书馆文化、行政管理区文化、书院社区文化、宿舍区文化、校园新老媒体文化通过语言、文字、标语、视频、海报、书籍、音乐、图画、午餐会、纪念聚会等形式将思想传递给学生，暗示学生们这个学校相信什么、尊重什么、倡导什么。校园每隔一段时间展示的校园学习标兵海报、技能大赛海报、杰出工匠进校园海报其实就是这样的文化符号，它暗含鼓励同学们奋斗的方向。

步入新时代，"工匠精神"已然成为中国高职校园热词。"大思政"教育是理想的思路，将工匠精神融入高职"大思政"教育的框架下，从顶层设计、课程系统性谋划到隐性环境的改造，工匠精神以一种富于构思的持续不间断的形式融入高职学生的教育与生活中，如此，才会深入的植入学生的头脑中，指引学生的实际行为，达到思政课立德树人、知行合一的效果。

第二节 工匠精神培育与思政课的内容耦合

高职院校学生泛泛感受工匠精神的机会众多，但是深度了解工匠精神内涵并有深刻体悟的不多。学生对工匠精神的主要印象来源于中国古代匠人文化以及现代杰出工匠孜孜不倦于工作具象化认识，但对传统工匠文化、近现代工匠文化的现代性改造，以及为什么劳动光荣，为什么现代社会需要敬业等根本问题认知不够。目前，中国高职教育的资源配置、课程、学习周期及活动设置，使得工匠精神培育的重头戏仍然在思想政治理论课的教育上，这点被调研证实。对广大思政教师来说，思考并设计出高职特色的思政课，突出新时代工匠精神培育的内涵变得非常关键。本章从理论和实践路径两方面探寻工匠精神融入高职思想政治理论课的可能性。

一、工匠精神融入思政课的四大维度

价值观塑造、"立德树人"是工匠精神培育与思政课教育的共同目标，其核心关照是人。工匠精神的施动者是工匠，"工匠"的一般属性是人，特殊属性是行业成员。因此，工匠精神培育既是对个体的思想教育，也是落实对行业从业者的特定规范。社会关系总体主要是围绕"人""社会""国家"三个层面，即个人与自身关系、个人与社会关系、个人与国家关系。相对于"个人与自身关系"的私密性、"个人与国家关系"的政治性，工匠精神主要与社会劳动相关联，因此，"个人与社会关系"具有一定的主导性。

（一）价值之维

个体是人的世界的重要组成部分。作为大学生个体，不可避免地会追问："这个世界会更好吗？""这个社会会更好吗？""我会更好吗？"这三重追问，实属唯物哲学的几大难题：如何更好地认识人类世界？如何更好地认识人类社会？如何更好地认识人类自己。以这三个问题进入大学生思考领域的先后顺序和频次衡量，"如何更好地认识自己，如何让自己更好地生活"自然是思考最多的，其实质是对个体生存价值的叩问。思政课针对这些设置了一些内容，比如人生与理想、人生观与人生价值、个体身心和谐、个人道德等，具有一定的理论和方向指导意义。若把工匠精神培育融入以上章节，就容易让理论落地，学生会觉得自己不仅是在抽象地进行形而上的哲思，而且是在实实在在的审视：我是谁？我为什么要参与社会劳动？社会劳动于我有怎样的意义等。人的自由而全面的发展是理想社会的美好追求，将工匠精神培育融入个体与自身关系的思考维度，表面上是思考工作与自身的关系，实质可以帮助学生从个人价值实现的高度理解工作的意义与价值，一定程度上阻断大学生对工作庸俗或被动的理解，防止劳动的异化和对自身价值认识的错位。

（二）个人与社会关系中的两大维度——伦理之维和契约之维

它们既是个人谋生的基本单位，也是人的全面关系和幸福生活的基本单位，是人类生活的共同体。

劳动是生产、交流、碰撞、沟通、协商、妥协的过程，协调矛盾冲突，合理分配利益，构建良好关系成为必须。纵观人类发展史，劳动先后主要构建了人的两大类关系：亲缘关系和业缘关系。亲缘关系以血缘、亲情为中心，在中国传统观念影响下，氏族、家族、宗族、村社、国家这些社会单位构成了亲缘关系的重要组成部分。业缘关系以"物"为中心，在交换日益发达的工业化、商品化时代发挥着重要作用。人们之间因为不同的劳动形式和专业分工，而分属不同的职业，产生交换劳动成果的必要，他们之间的关系就是业缘关系。亲缘关系主要靠血亲尊长的身份权威和历史形成的文化传统来维系，表现为约定俗成的伦理道德；与亲缘关系强调身份和情感不同，业缘关系尽管也是人际关系，身份和情感因素不可缺少，但是它主要发生在陌生人或无血缘关系的人之间，一定程度上摆脱了传统社会对人的过度依赖，维持其存在和发展的力量主要在外部。道德和法律这两类规范，是思政课关注的核心要素，工匠精神培育沿着这两大维度融入进去，切中要害。

道德和法律是思政课重要内容，那么，为何这节小标题用"伦理"呢？"伦理"与"道德"常常混用，两者实则有别。"伦理"中的"伦"在中文中指"辈"，引申为以亲缘关系为核心的人际关系，"理"即"纹理"，引申为事物的必然规律，"伦理"即"人际关系事实如何的规律及其应该如何的规范"。"道德"中的"道"即道路，类似于"理""德"即"得"，从"道"到"德"就是按照某种规矩行事就有所得，"道德"意思是应该如何的规范。从词义的解析中可以看出"伦理"包含"道德"，道德更为内在、主观和个体，是一种自主的内心选择，而包含"道德"的"伦理"是更高层次上的客观和主观的统一。

与基础德育强调个人道德修养相比，高级阶段的德育应该有一个对德的更高辨析和理解，不仅要追求个人品质方面的提升，还需要对复杂社会关系的客观状况和规律有基本把握，而这些均要上升到伦理层面。具体到职业劳动，学生自然需要了解并体悟职业道德，思考自己如何做，做到什么程度才能达到职业领域内所追求的"善"和"美"，但他们更需要了解，对职业人社会客观上有何要求，行业又有何规范。了解这些规范后他还需要从主观领域内思考自己该如何理顺与同事、领导、服务对象、整个行业的关系，才能将工作和契约履行"适当""合适""合宜"。相比于道德层面的善恶判断，伦理层面的渗透无疑可以提升学生对自我职业身份的认知与定位。当前思政课重视职业道德，但对职业伦理却很少提及。在笔者看来，这方面需要纠正。将职业伦理引入思政教育，不仅能丰富思政课职业道德教育的内涵，而且有助于工匠精神培育的可实践性。

法律与制度是社会规则中的一种特殊类型，它是社会关系的规则约定，又是国家与集体意志的体现，权利与义务的对生、契约与奖惩共生是其重要的特色。现代工匠劳动已不同于过去的私人作坊模式，基本都建立在雇佣与交换基础之上。雇佣与交换实质是契约的缔结、履行和实现的过程，这里面涉及双方在平等的个人自由意志基础上对权利与义务的确认，其核心特征在于它的契约性，这和法律的契约特性相吻合。高职院校课程包含法治观的教育，工匠精神培育融入思政课法治观环节是非常自然而合乎情理的。

加强高职契约理性的教育，有两方面功效：一是有助于学生理解职业劳动关系与亲缘关系的区别，避免将工作关系和家庭熟人亲情关系混为一谈，明确自身角色与权责；二是法律意识有助于保护劳动过程中的契约关系，为大学生职业潜能的充分发挥扫清外在障碍，从而更加专注于产品与服务本身，有利于工匠品质的呈现。

（三）公民之维

工匠精神的培育应该上升到个体与国家关系维度。个体相对于国家，其身份就是公民，公民与国家之间是荣损与共的关系。工匠精神培育过程也是公民权利与义务的教育过程。将新时代工匠精神培育融入进去，可以很好化解教师教学的紧张关系，学生比较容易获得自我劳动在国家层次上的意义，职业劳动自觉性和自豪感自然而生。

二、工匠精神融入思政课的内涵模块

思政课教师需要联系现实，整合相关内容，形成工匠精神融入思政课程的系统内容模块，并在教学过程中有条不紊地开展。

（一）价值观模块

要想在个体价值维度烙下工匠精神印迹，思政课在理论方面需要讲明两方面内容。第一，人生目的、价值、意义与职业劳动之间的关系。第二，理想与职业选择。理想在大学生成长成才过程中扮演引领角色，事关个人价值实现和评价。职业理想相对其他类型的理想，更是受关注的核心。大学生该如何选择个人职业，职业理想的促进因素和制约条件分别有哪些，对理想职业应持何种态度和期望，职业理想该如何实现，职业理想的最高境界是什么，这一系列问题均指向用科学的理想成就个人的自我价值和社会价值。

除开理论，教师还需引导学生联系实际进行调查与思考：如何评判"啃老族""待机族"等不就业或慢就业群体的现实无奈与价值偏差；平凡职业和伟大事业之间的关系；小员工与大老板的人生价值该如何认定；让理想出彩，除持之以恒，还有什么必要因素等等。目的是让学生在复杂的社会挑战中冷静客观地分析自己，确定人生与事业的方向与目标。

（二）伦理观模板

在培育工匠伦理时，高职生以知晓并运用为目标，不以深刻哲思为目的。可以就如下几点引导学生进行理论探究：合格社会人应遵守的基本道德；合格职业人需遵守的职业道德；职业道德与人类基本道德的关系；职场基本礼仪；特定专业伦理规定。专业伦理教育可联系学生专业选定，主要有工程伦理、计算机伦理、建筑伦理、环境伦理、医护伦理、商业伦理、秘书伦理等，像医护、建工类专业性较强，要适度加强职业伦理比重。

职业伦理模块应加入实践环节的内容，如：经典职业伦理案例探究；敬业劳动者的共性调研；大国工匠经典案例赏析；职业劳动过程中的现实问题分析；职场利益冲突模拟和解决办法探讨。若条件许可，可请专业课、实训课教师协助，因为他们对行业伦理冲突有更直观的了解与体验。这些实践性的探究，有助于学生对可能面临的挑战做大胆预想和选择预设。不少国内外职业伦理教育专家认为，职业伦理教育不能保证学生都能成为伦理规范的人，但是它具有巨大的提醒和选择建议的功能，阻隔伦理失范本身是成为真正工匠的重要环节。

（三）法治观模块

职业劳动是特殊的社会行为，依赖契约及其履行，而契约实现则依赖制度与法律。因此，在思政课法制观教育环节，应注重对学生做如下方面的教育：现代企业制度的基本要求；基本法治思想与原则；专业相关法律。本模块教育目的不是要求学生成为企业制度或法律专家，而是要学生理解契约社会与亲缘社会的区别，明确自身责权利，遵守契约规则，同时在职业保护、创新等方面得到一定的保障。契约精神、法律意识是现代社会职业人应该具备的基本素质，也是工匠精神的内涵之一。

（四）国家观模块

工匠精神培育看上去是个体精神养成，但实质是国民气质塑造，因为工匠精神教育实质上是一种责任和义务教育。相对于大的集体和国家来说，这是一种公民责任教育。在这一点上，工匠精神教育可以与思政课的意识形态教育和政治使命密切结合起来。教师使用带有原创民族精神的敬业案例运用于课堂，引导学生学习榜样，执着精进，将个人职业与国家建设有机联系起来，自觉建立起积极工作、报效祖国的坚定目标。

工匠精神培育在中国当下具有重要的现实价值与时代意义。在高职院校，将工匠精神培育融入思政课教育的思路和方向是对的，它直面教育领域和思想领域的两大难题：一是高职思政教育如何更有针对性、如何更出效果；二是作为中国复兴的重要精神力量之一，工匠精神该重点针对谁培育？该如何培育？但是，它是否能够真正解决两大难题，取决于工匠精神融入思政课结构维度和内涵设计是否严谨且符合逻辑。

第三节　作为思政课重要组成部分的实践教学

一、高校思政课实践教学的理论依据

（一）实践是思政课教学目的实现的重要手段

成功的教学活动以教学目的的实现为衡量标准，单一的理论或知识教学不可能促成思政课"立德树人"目标的实现。思政课的实践教学为学生提供了理论与经验之间的桥梁，让学习者通过实践活动获得与对象物直接或间接接触的机会，在互动中不断积累经验，从而提升思想认识与实践能力。

思政课是意识形态主导的课程，传统或习惯上，人们认为"你听我讲"的宣讲式或灌输式是最直接或最有效的，这种模式瞬时效果毋庸置疑，但是否内化则必须在具体情境下检验。过去，囿于资金、组织能力的有限性，思政课开展实践教学确实难度很大，但是伴随国家对教育，特别是思政教育的重视力度越来越大，加上日渐便利的科技、交通、通讯、网络等手段与媒介，组团参观，跨区、跨市参观调研，云访谈，VR体验，网络情景模拟等已成为可能，实施实践教学的途径和方式被大大拓宽，因此实践教学作为一种有利于教学目标达成的手段理应成为常设的教学手段。

（二）加强实践教学是适应新时代大学生特点的教育

新时代的大学生，以"00后"为主，他们出生在中国经济和技术高速发展的年代，物质条件相对父辈要优越很多，"贫困""辛劳"不再是他们成长过程中的高频词汇。"00后"仍然属于计划生育政策下的一代人，独生子女的比例较高，在家庭中他们获得的关注和关心比较多。与此同时，"00后"还是互联网"原住民"，网络伴随其出生到成长，是生活中不可或缺的工具，网络拓展了他们接收信息的渠道，网络营造的虚拟社会是其生活的社会环境的重

要组成部分，影响着价值观的形成。"00后"也是中国充分参与全球化时代的同龄人，市场经济和全球化大大推动了商品经济的发展，社会发展节奏和竞争激烈程度远超过父辈，商业活动和契约逻辑对他们来说毫不陌生。

如此社会背景下成长起来的"00后"，有如下较为明显的特点：对新事物持开放欢迎的态度，接受新事物速度快、融入快。与其"70后""80后"的长辈相比，"00后"生活在"去中心化"的新媒体盛行的年代，他们个性自由，尊重差异认同，崇尚多元，理性务实。较低的物质压力，使得"00后"的人生规划中物质追求不一定是第一考虑，更多是关注自我的情感体验和价值实现，在实际生活中也乐于展现自己的"小确幸"。

面对这样一群新时代大学生，高校思想政治教育工作绝对不能保守在传统的理论灌输教育里，让青年远离商业和利益追寻，避免过度迷恋网络，要求他们树立积极的责任感和使命感，简单说教收效甚微。为此研究"00后"青年，创设实践情形，让青年通过实实在在的实践活动，真实体悟到什么是辛苦、什么是磨炼、什么是意志、什么是担当，而不是停留在网络幻象中。再有，针对"00后"青年网络"粘度"较高的特点，可以利用网络技术和新媒体工具，创设以网络为媒介的实践活动，鼓励青年积极参与。针对"00后"青年喜欢关注自我情绪体验和价值实现的特点，可以设置红色越野模拟、革命景点打卡、传统文化体验等特色体验活动，将个人情绪与学习有机结合起来。

二、高校思想政治理论课实践教学现状与反思

全国高校思政课实践教学走过了如下发展历程：从部分学校的局部尝试到各种类型高等院校全面开展思政课实践教学活动；从临时性不连贯的教学安排到成为常规思政课教学活动的重要组成部分。目前高校实践教学的形式主要有：小组社会调研、参观博物馆等公共文化设施、志愿者活动、实践教学基地实践、访谈视频录制、大型节日或纪念活动实践、模拟法庭、演讲展示、短剧创作与演绎、经典研读分享等。有部分学校的实践教学活动还非常有特色。经过多年的摸索，高校思政课实践教学真正地实现了"有"，而且还有不少形式和特色。但是仔细探究会发现高校思政实践教学总体而言还比较粗放，尚且存在不少问题需要进一步细化。未来在"好不好"上，还有不少路要走。

"基于各高校对思想政治理论实践教学的管理、投入、教学探索、效果考评等认识还处于起步阶段,加之长久以来存在的各类专业课对思想政治理论课形成的隐形冲撞和'合理'挤压,思想政治理论课的实践教学很容易被弱化、泛化、散化、虚化和简化",具体来说,高校思政课实践教学存在的主要问题有如下几个方面。

(一)思政课实践教学的保障与检验有待加强

不可否认,思政课实践教学已在大学普遍开展,但是开展的深度和广度各不相同,究其原因,各个学校顶层重视程度、政策、资金、师资力量有差异。重视程度高、支持力度大的学校,组织管理、教学体系构建、教学运行、活动实施、效果考评比较到位,思政课实践不仅常态化而且质量高、成果丰富。重视程度低、支持力度小的学校,思政课实践成为点缀或者应付检查的手段。

(二)不少教师对实践教学缺乏理论研究、实践精神和热情投入

有些高职院校止步于把学生带出了课堂、走出了校门,但是教师很少花心思去琢磨思政课的实践教学实质内容是什么、有哪些可能的形式,思政课实践教学有什么目的、计划和规律可循等。指导思想缺失的实践,造成的后果是有活动却无教学设计、无教学计划、无教学目标。缺少理论支撑,流于形式、疏于考核检验的实践教学,学生的获得感注定难以确认。造成这种现象的原因是:相较于理论课教学和研究,思政教师不太重视实践教学的研究和探索,有些教师认为实践教学没有什么含金量,不如做点理论研究,多出论文。还有一部分教师认为思政教师要负责的学生太多,没办法做到像专业课那样小班化实践,理论构想得再好但经受不住现实的考验,这事实上会造成实践教学认知的杂乱。

(三)注重活动,缺乏政治引领,思政课实践教学与其他实践活动区别不明显

根据与全国高职院校同行交流发现:参观、调研是思政课实践教学的主要

形式。这些参观包括：参观地区各级各类博物馆、艺术馆，参观校级思政课实践基地、参观古镇新城等。以参观博物馆为例，通常办法是老师跟同学们商量好时间，让单位派车，然后带学生过去，跟学生们约定好集合返程的时间就算完成了一次实践。一般一次要带七八十人到两三百人不等。通常学生自行参观，机会较好时，会碰到或者预约到讲解，有一部分同学会听取讲解，但是多数同学仍然是自行走走看看。艺术馆或者古镇参观等基本也是如此。这样相对松散的实践活动，教师在某种程度上沦为事务性的组织者，没有充分扮演思政教师的角色，导致实践参观与一般性的旅游观光、艺术鉴赏无区别。不可否认，学生们走出去参观，或多或少都会有些收获，但是收获多寡，收获的感悟、知识是否与思政教育相关其实很难确认，因为缺乏针对性的引领或者点拨提升。再以调研为例，通常老师会给学生布置一些跟思政相关的调研话题，但是也只是看上去和思政课有关联，在实际操作时，很多学生并不清楚社会调研如何做，认为设计个问卷、问几个问题，总结一下就算调研了，内容经不起推敲。主要问题出在问卷设计或面对面访谈时思政元素不足，调研形式大于内容。虽然可以锻炼一些实际操作能力，但通过调研深化理论学习或加深对社会问题的认知等实践目标的实现则比较难，使这类社会调研与应用文写作类课程的实践调研有所区别则更难。

（四）除去思政课实践整体特色不明显外，不同思政课实践教学的方法或形式雷同，造成学生持续学习积极性不高

专科思政课有三门必修课，本科是四门。这几门思政课的实践内容和实践形式目前在很多院校没有区别与梯度。参观、访谈、讨论、调研和展示，几门课通用，学生缺乏新鲜感。另外，在实际操作中，不同思政课老师之间很少就学生已经开展的实践活动沟通，结果造成学生重复某些形式或活动。部分学生就不认真去做，甚至出现相互交换调研报告或改头换面应付差事的情况，达不到思政课实践教学的目的要求。对此，有少数学校按照标准化、系统化、菜单化、精细化的基本原则，设计实践教学方案和模块，形成教学大纲和实践教学教案，这些教案围绕不同思政课的核心知识点和学生年级特点制订，有效地避免了低效与重复。

（五）相较其他教育类型，高职思政实践课的特色不是很鲜明

主要表现为缺乏核心教育理念和目标，造成高职思政课实践活动泛化、无中心。高职思政课实践教育要围绕要求，以政治为引领，在培育大国工匠和能工巧匠的思想素质、职业道德、职业素养上下功夫，促进学生德业并进，德技并修。

同时职业教育致力于培育一线高素质劳动者，劳动教育实践理应成为高等职业思政教育的重要特色之一，劳动教育与思政课教学紧密地结合起来，可以深化学生对劳动观的认知，加强对勤俭、奋斗、创新、奉献等积极价值的体认。

最后，思政课实践教学相对孤立也是目前存在的一大问题。部分思政课教师将思政课实践教学僵化处理，认为只有思政课教师组织的活动才是思政课实践，只有在教室之外的教学才是实践，由此出发，缺乏与专业课、学生活动、社会组织之间的连通与联动，局限了思政实践课的空间。思政课实践教学是学校大思政教育的重要组成部分，在实际操作中格局和视野要宽广一些，不必强求必须是思政教师主导组织，只要思政教师发挥主要思想引领作用，其实可以联络相关专业课教师、宣传部门、学工部门，社会上愿意提供实践教学资源的机构和部门，联合开展实践教学活动，这样基础理论与专业实践的联系更紧密，校企合作更容易找到抓手。另外思政课的实践也并不一定就不能发生于课堂，只要沟通安排得当，思政课的实践可以发生于任何时间，就看思政课教师是否有能力和其他课教师找到协作点。

三、高校思政理论课实践教学的类型梳理与概括

（一）高校思政理论课实践教学的五种类型

1. 鉴赏性实践教学模式

（此类型特别针对传媒学院）要求观看、鉴赏一部选定的作品，每个人完成一份 1000 字左右的鉴赏感受（建议提交手稿），通过小组讨论和交流，增强对本作品的认知，最后小组共同最后完成一篇 6000 字左右的论文（此种类

型特别针对传媒学院,将小组讨论交流的活动照片附在报告的后面)。(论文的格式可以按照经典阅读的论文格式来书写)

2. 经典阅读实践教学模式

要求选读一部著作,每个人完成一份1500字左右的读书笔记(建议提交手稿),通过小组的认真阅读,交流,提交选题的开题报告,并最终完成一篇6000字左右的论文。

3. 研究型实践教学模式

通过对于思想政治理论课的系统学习,学生联系中国的实际,结合自身的理论修养,以当前的热点、难点、疑点问题为研究对象,在教师的指导下,选择选题,确定研究方向,通过文献法、或问卷调查、或访谈法、或观察法等对社会现实进行认知,并结合理论研究,形成自身的认知。可以通过问卷调查,查阅报刊、网络、书刊等文献资料获得对于历史和现实问题的认知。也可以采用访谈、观察、电子调查问卷等形式丰富调查的方法。最终完成6000字左右的社会调查报告。(用数码相机记录下调查的过程,并最后附在调查报告的最后部分)。(如果选择问卷调查,请完成好问卷的制作、分发和统计等工作;如果选择访谈或观察,请做好访谈和观察前的计划工作、并详细记录访谈和观察的过程。)

4. 体验性教学模式

要求走进一家企业或单位、或一个社区、或一个家庭、或一个人的故事,通过观察、访谈,感受一种变化,提高认识。做好访谈、观察记录,用数码相机记录下活动的一些过程,最后完成6000字左右的体验报告(将活动的照片附在报告的后面)。(报告的具体格式,由老师指导)

5. 活动实践教学模式

要求进行知识宣传(法律、公共卫生、环境保护、生活常识等)或者争做义工,通过活动的参与,学会观察、教育、帮助和影响社会,也使自身在活动中获得良好的教育和提升。要求做好活动的计划、安排和总结工作,用数码相机记录下活动的一些过程,最后完成6000字左右的活动报告(将活动的照片附在报告的后面)。(报告的具体格式,由老师指导)

（二）高校思政理论课实践教学概述

高校思政理论课实践教学主要是对高职学生进行理想信念、人生价值、道德修养、法律基础等方面的教育。高校思政理论课实践教学把政治性、法律性、思想性、实践性集合在一起，主要在于帮助高职院校学生正确把握国家的方针政策，学会不断学习新鲜事物，增强个人的学习能力和行动能力，形成良好的政治素养和职业素养，以便将来能够更好地在社会立足，也能更好地为社会服务。

有必要规范的是：教师实践活动不同于休闲旅游和放松，它本身需要带着考察、参观或调研的目的，实践的过程就是探索这些问题的过程，也是收集、丰富资料加强理论问题实践理解的过程，所有这些努力最终可以汇集为教师的调研报告，加之提高或丰富理论理解，再通过实践教学或理论教学环节转换给学生，从而实现育人意图。

第四节　工匠精神培育与思政课实践教学的有效对接

面向教育中客观存在的问题，去寻求解决问题之道，是教育者的任务。针对高职思政课实践教学中存在的问题，将工匠精神培育融入进去是最为有效的方法之一。原因是培育工匠精神，建设知识型、技能型和创新型的劳动者大军，是提升高职思政课实践教学质量的重要抓手，它能聚焦高职思政实践课的教育目标、内容、形式与效果，更好地服务于立德树人的教育宗旨。

一、工匠精神培育融入实践教学的优势

目前思政课实践教学存在的重要问题一是目标的泛化，二是目标太多，当然，每个目标都很伟大，但是如果实践活动的目标有这么多，其实很容易在操作过程中被泛化为没有目标。

高职思政课实践教学的课时少，但是效果检验却比本科院校来得快和早，

高职学生一般在校时长两年半，医学生的时间还要更少一些，学完两年就需要实习。这就要求高职的思政课实践教学要：一方面确保实践教学深化对理论课程的理解，另一方面要确保这些实践最好能跟学生触手可及的未来建立起密切的联系。

结合高职学生特点和高职教育的育人宗旨，高职思政课实践教学的目标可以集中一些。结合中国时代特征，培育工匠精神作为具体的目标更契合实际。实际操作中，一方面便于老师把握实践教学重点，从而设计有针对性的实践教学活动，避免流于形式；另一方面也便于学生明确实践课的教学目标，及早对自己参与教学提出预期要求。

工匠精神培育目标易于把握，但是其内涵却极为丰富，可以与思政课的主要培养目标进行完美的对接。从纵向上看，工匠精神由朴素而古典的中国传统工匠文化而来，是中国传统天人合一思想和忠孝文化体系孕育下的文化支脉，饱含朴素生存哲学、劳动哲学和敬畏精神。未来，工匠精神将在推动人类的自我解放方面有着巨大的推动力。在横向上看，工匠精神包含积极的世界观、人生观、工作观、服务观和契约观。工匠精神的这些丰富内涵无不可以在思政课教学内容和目标中找到应和。工匠精神与其他的诸多精神相比，最突出的地方就是它自带实践基因。工匠精神本身就是劳动人民在实践劳动中形成、感知、提炼、加工、批判和传承的宝贵文化财富，也只有在思政课的实践过程中，学生才能真正地从本源中感悟，从而内省自修。

二、工匠精神与高职思政课实践教学融合的路径

工匠精神怎么与思政课实践教学相互融合？这应该是探索工匠精神与高职思政课融合这一系统安排中一个不可忽视的重要组成部分。理论融合与实践融合属于一体两面，本书前述章节已就工匠精神与思政课教学的理论融合做了较为详尽的论述。本节重点探究工匠精神培育与思政课实践教学之间的有机结合。

（一）在顶层思维和实践目标上要明确工匠精神培育的目标和内容

即高职院校要严格按照思政课实践教学的规定，给思政课实践教学预留足

够的学时，不得变相压缩学时，主动构建系统的实践教学框架，明确将工匠精神培育作为思政实践课的重要目标之一，要求教师在制订实践教学计划时将工匠精神培育的具体内容与目标融入，并在实践教学时要有所体现。

（二）构建结构合理、层次鲜明的工匠精神融入思政课实践教学的体系

思政课实践教学分为：校内课内实践、校内课外实践、校外社会实践、线上模拟实践。工匠精神融入思政课实践也可以此为框架构建，并适度结合学生的能力特点逐层安排。

1. 以思政课为核心、以专业课为辅助的课内实践教学活动

新生刚刚脱离高考环境，很多同学未改变以书本为本、以老师为核心，识记加做题的传统思维和学习习惯。在大一适度安排一些课内实践教学活动，比较适合这个阶段学生的实际情况，便于他们有序过渡到重视自我学习和实践学习的高校学习模式，也有利于他们有质量地投入到校外的社会实践教学活动中，避免目前高职院校实践教学中较为普遍存在的一种现象，即学生对校外实践为什么做、做什么、怎么做，有何价值尚未搞清楚，就匆忙开展，结果实践活动看似搞得热热闹闹，但收效甚微。课内实践教学的形式可以是：敬业类中外经典文本或图书课内分享会；大国工匠视频赏析讨论；专业领军人物事迹讲演赛；翻转课堂线上发布两分钟故事会——一位让我感动的身边的劳动者；职业角色扮演与模拟舞台剧。

以专业课为辅助的课内工匠精神实践教学也是值得推广的。这里提的课内实践主要是针对专业课的校内实训。目前，中国高职院校绝大多数专业都有专业实训室，并有专门的校内专业实践课程安排。在"大思政"框架下，思政课教师完全可以突破原有的框架，将思政课的部分实践教学工作渗透到专业实训教学过程中。当然专业实训工作中，专业课教师是主导，思政课教师可以发挥指导和辅助的作用，帮助专业课教师设计专业实训过程中的工匠精神培育的环节。为此，思政课教师需要做如下一些工作：了解专业和行业发展简史、行业特点、国家关于该行业的发展政策与未来要求、行业职业道德、行业伦理、行业法规，行业领域有代表性的杰出企业与匠心人物。根据校内实训课的规范和流程，设计与之配套的加强职业认知的规范化要求，比如让学生必须穿实训

服、坚持按时打卡，实训开始前准备好一天的材料与相关环境，实训时有序按照流程操纵，实训结束后完成相关器材和环境整理，并撰写工作日记，反思实训过程中的优点与缺点。学生会在一点一滴中不仅提升技能，更能感悟到匠心教育。

2. 校内课外实践教学活动

这类思政课实践教学活动是以校园文化活动为有效载体开展的，思想元素的植入可以为校园文化活动提供积极的思想引领和指导。这类活动的有效开展首先取决于顶层设计，即学校层面，要有"大思政"思维，有效协调和组织学生部之间的工作。

3. 思政课工匠精神校外社会实践

这类社会实践有两种形式，一种是完全由学院思政教师组织的，作为课堂教学延伸的实践活动。比如说带领学生参观工匠精神类展览馆、艺术馆、参与传统工艺文化的实际体验、实景角色扮演、校外职业理想、职业选择、职业坚持类调研或访谈、暗含工匠精神元素的才艺或礼仪模仿秀、短期会务服务等。另外一种，是非常契合高职学生特点、学习周期和学习效果的设计，即由"思政课社会实践与专业实训实习叠加教学"完善而来的工匠精神融入思政课的社会实践。这种类型的思政课社会实践最大的好处是整合并打通思政课与专业课的资源，"避免出现专业实训实习与思政课实践教学各自为政、各行其是的'两张皮'现象，最终形成育人合力"。为此，要各专业学院要建立起合作共识，并且统筹计划安排。

目前课程思政理念已在全国产生巨大影响，不少学院已经行动起来，要求老师在校内专业课程中体现思政情怀或思政元素，但是将这一理念延伸到实践教学环节的还不算多。就学生工匠精神培育而言，思政课和专业课实训可以合作的空间很广阔。比方说，针对目前思政课老师和专业课老师分别发掘和建立校外实践基地的倾向，有专家就指出完全可以减少麻烦，提高学生在有限实践条件下的获得感。比如说建立"双基地"的办法。"双基地"是指在专业性、思想性相统一的前提下，以思想性为基础，以专业性为依托，选择各院系已经建立的并且比较成熟的专业实习基地作为自己的思政课实践教学基地，思政课教师和专业课教师与实践教学基地进行充分深入的对接交流，思政课教师充分挖掘实践教学基地的思政资源,联系实践教学基地资源和工匠精神培育的目标,做一些基地实践教学安排。

实际操作过程中分两种情况,一种是基于思政课师生比远低于专业课师生比的实际情况,思政教师无法腾出足够时间与精力,做到每个班进行专业校外实训时均能跟班实践教学。在这种情形下,教师可以在学生进行专业课实训前给同学们布置一些与思政课、工匠精神培育相关的实践任务。等学生实训回来后,教师可以做一个校内分享会,在分享过程中,同学们对工匠精神就会有更深刻、更系统的体会。还有一种情形,就是思政课教师全程参与专业课实践基地的参观学习过程,需要思政课教师协调好自己的时间,能够与专业课校外实训课相互一致有些难度,但也不是没有操作可能性。一旦实训时间确定下来,思政课教师和专业课教师就需要通力合作,明确教学目的、教学计划、能力培养、教学内容等。在分工上,两位教师各有侧重,一个教师负责思想政治的引导,一个教师负责专业技术的解读和学习。依靠思政课教师和专业课教师相互合作的"双基地"教学模式,学生在有效时间内获得从理论到实践、从技术到精神的全方位培育,这是一个非常好的实践教学路径。

4. 线上模拟实践教学

网络教学的普及与虚拟仿真等现代技术的发展,为开展线上实践教学提供了诸多可能。线上实践教学最大的优点是可以适度解决线下实训的资源不足、参与者的空间和时间安排难题,这对思政课实践教学的落实特别有帮助,因为思政课覆盖面很广、多合班教学,线上教学能保证认真学习的同学可以享受应有的教育资源,将思政课的严肃与网络、现代信息技术的多变和跳跃有机结合起来,使得思政课的亲和力增强了。

关于工匠精神融入思政课,有两个注意点。一是工匠精神融入思政课的实践教学最好能体现一定的梯度。高职阶段,以三门思政核心课程为中心建立起多元复合型的工匠精神实践教学安排。思修课以校内课内社会实践为主,校内课外实践为辅;概论课以校内社会实践为辅、校内课外社会实践为主;形势与政策课以校外实践教学、线上实践为主。这样的安排,既适应学生思政课学习的特点,又符合能力梯度,再有就是与不同课程的侧重点相契合。二是工匠精神融入思政课的实践教学需要有一定的验收和质量监督保障。针对不同类型的实践教学，设立不同类型的检验方式。教师采用阅读类教学方式，可以要求学生完成如下内容：阅读内容与工匠精神在哪些方面有关联，有什么样的思考和启迪？写成读后感进行文字分享，或制作 PPT 口头分享；采用演讲类教学方式，就要求学生有演讲设计、演讲立意和演讲稿；比赛类，要有比赛准备资料、比赛应变方案、比赛稿全文；参观类，要有参观计划、发现的亮点、个人感悟；调研类，要有访谈提纲、调研图表分析、调研报告；模拟类，要有模拟准备、模拟感悟和今后的规划。其他没有列举到的类别，也要有针对性的验收和质量监督安排，只有这样，工匠精神实践类教学才能区别于自由体验，教学目标和价值才能突显出来。

参考文献

[1] 王文艺，刘慧，王翠云，汤文龙．高职思政课实践教学创新研究［M］．思想理论教育，2021：5-14.

[2] 顾明远．中国教育大百科全书：第1卷［M］．思想理论教育，2014：27.

[3] 贺星岳，叶锋．高职院校通识教育特色化道路的探索和思考［J］．思想理论教育，2014（4）：27.

[4] 贺星岳．职业素养与职业技能教育论［M］．思想理论教育，2017：27.

[5] 杨连洪，汪文俊，眭姗姗．新时期高职院校思政教育现状以及提升对策［J］．教育现代化，2019：27.

[6] 刘艳．高校思想政治理论课教学"泛娱乐化"现象批判与省［J］．思想理论教，2015（9）：15-20.

[7] 孟宪生，李忠军，全国高校思想政治理论课教学方法改革年度发展报（2014）［M］．思想理论教育，2016：19-20.

[8] 马海燕．高职思政课实践教学教程［M］．思想理论教育，2019：34-43.

[9] 李保峰．高职院校思想政治理论课教学改革模式的探索与研究．［J］价值工程，2021：34-35.

[10] 王权海．高职院校思想政治理论课教学设计创新研究［J］．科教导刊，2021：35-36.

[11] 张博洋，高亚南．以就业导向为切入点加强大学生思想政治教育［J］．才智，2021：36-38.

[12] 陈瑜．初中数学教学中学生数学核心素养的培养策略探究［J］．考试周刊，2020（A5）：38-40.

[13] 邵君．略谈初中数学创新型教学的策略［J］．文理导航（中旬），2021（01）：39-40.

［14］许文倩.初中数学"先学后教,当堂训练"教学模式的探索［J］.文理导航（中旬）,2021（01）:39-40.

［15］邵菊欣.思想道德与法治综合实践教程［M］.思想理论教育,2021:48-54.

［16］汪小莉.思想政治理论课实践教学改革初探［J］.思想理论教育,2011（7）:38-43.

［17］鲍玉鑫.高职连锁专业顶岗实习学生管理探讨［J］.辽宁高职学报,2021:38-43.

［18］刘美荣,刘毅,陈伟.论高等职业教育实践教学基地的功能［J］.时代人物,2021:38-43.

［19］李龙根,张燕琴.高职顶岗实习管理机制研究［J］.职业教育研究,2021:40-43.

［20］汪小莉.思想政治理论课实践教学改革初探［J］.思想理论教育,2011（7）:45.

［21］姜楠.高职思政课实践教学模式探讨［J］.思想理论教育,2019,12（08）:55-57.

［22］聂勇.微媒体视角下加强高等学校大学生理想信念教育的相关思考［J］.思想理论教育,2021:55-57.

［23］徐荣.和合校园基本建设研究——基于台州电大新校园建设的思考［J］.当代教育实践与教学研究,2020:55-57.

［24］杨胜才.坚持"四个统一"把握重要抓手,切实增强高校师德师风建设实效性［J］.思想教育研究,2020:55-57.

［25］郭文良,和学新.翻转课堂:背景、理念与特征［J］.教育理论与实践,2015:55-57.

［26］岳辉,和学新.学科素养研究的进展、问题及展望［J］.教育科学研究,2016:55-57.

［27］刘善球,刘舜玲,王博文.高校青年教师教学能力培养的激励机制研究［J］.经济研究导刊,2020:55-57.

［28］郑德顺，石梦岩，李云波，刘仰光．"地质学基础"课程思政育人元素知识体系构建［J］．中国地质教育，2020：55-57．

［29］高德毅，宗爱东．从思政课程到课程思政：从战略高度构建高校思想政治教育课程体系［J］．中国高等教育，2017：57-60．

［30］孙晓玲．新时代工匠精神与高职思政课融合研究［M］．思想政治教育，2020：68-82．

［31］唐琪瑶．工匠精神融入高校思想政治教育研究［J］．现代职业教育，2020（05）：68-82．

［32］张小云．新时代工匠精神与高校思政课教师队伍建设初探［J］．学校党建与思想教育，2018（06）：68-82．

［33］尹冬梅．构建同心圆式大思政教育新格局［J］．中国高等教育，2015：68-73．

［34］叶湘虹，徐静．"互联网+"背景下青年学生立德树人教育探析［J］．创新创业教育，2020（4）：68-73．

［35］崔允楒，陈霜叶．三个维度看"立德树人"的本质内涵［N］．思想理论教育，2017（13）：68-73．

［36］张天华，孙傲．"立德树人"融入大学生思想政治教育全过程分析［J］．思想理论教育，2018（3）：68-73．

［37］蒋倩文．"大思政"背景下高校第二课堂立德树人的内涵提升机制研究［J］．继续教育研究，2021（12）：68-73．

［38］潘红，郭少娟．工匠精神培育与高校思政课教学的契合研究［J］思想理论教育，2020（06）：74-82．

［39］盖庆武，贺星岳．新时代高职课程思政理论与实践［M］．思想理论教育，2019：83-87．

［40］杨利修．高职数学教学中的数学文化渗透探究［J］．思想理论教育，2021（06）：89-90．

［41］宁晓琳．数学文化教育在培养高职学生数学素养的应用研究［J］．红河学院学报，2020：89-90．

［42］柴冬梅，王佳文，付立霞.基于SPOC高职院校智慧课堂教学模式的构建与实践以高等数学课程教学为例［J］.思想理论教育，2020（3）：89-90.

［43］陈超.高职数学教学中渗透中国传统文化的研究［J］.当代教育实践与教学研究，2020（10）：89-90.

［44］陈忠，杨积凤.高职数学教学中渗透职业素养教育的措施探究［J］.教育现代化，2020（38）：89-90.

［45］杨伍梅，刘权.创新创业教育背景下高职生数学教学现状与对策分析［J］.思想理论教育，2020：89-90.

［46］曹文斌.数学应用意识与高职数学教育教学［J］.思想理论教育，2020（23）：89-90.

［47］孙晶，毛伟伟，李冲.工程科技人才核心能力的解构与培育基于布鲁姆教育目标分类视角［J］.高等工程教育研究，2019：92-95.

［48］张佃平，高广娣.课程思政理念下机械设计基础课程设计新模式的探索和实践［J］.黑龙江教育（理论与实践），2019：92-95.

［49］崔佳佳.职业教育"课程思政"教学改革的路径探究［J］.职教通讯，2019：98-104.

［50］张婷，孟仁振.推动"课程思政"专业教学改革的路径研究［J］.创新教育研究，2019：98-104.